KB216154

법구경

DHAMMAPADA
인간 붓다의 가르침 담마파다

법구경

· 월관 역해 ·

비움과소통

『법구경-Dhammapada-法句經』은 부처님께서 많은 제자들과 함께
여러 나라, 여러 고을을 다니면서, 사람들의 삶을 살피시고, 많은 사
람들을 만나면서, 그들의 삶을 바르게 지도한 글을 모은 책이다. 모
든 불경의 제작년도(BC29년 이후)가 그러하듯이, 법구경도 '부파불교-
아비달마불교-힌두불교-대승불교'에 이르는 시대적 영향을 받고,
부처님께서 세상을 떠난 후 500년의 세월이 지나서 글로 쓰였으니,
교리와 용어가 시대에 따라 다르게 변했다. 제일 먼저 쓴 법구경이라
할지라도 부처님의 '법구경의 친설 원본'이란 이름은 옳지 않다. 자각
불교는 붓다불교의 근본사상과 교리와 수행법을 따르고자 하는 시대
의 요구에 따라 붓다불교의 용어와 근본불교 교리에 가까운 글(글의
뜻)을 찾고자 노력하였다.

법구경의 글을 지금의 일상적인 글로 옮기면서, 느낀 것은

첫째, 부처님께서는 자비와 지혜가 조화를 이룬 말씀으로 가르쳤으며, '일구이언(一口二言)'이 없는 '진리법문'이었다. 법구경 게송을 읽으면 부처님께서 지금 내 옆에서 말씀하시는 목소리를 듣는 것 같았다.

둘째, 부처님께서 친히 깨치신 고집멸도 즉 사성제(四聖諦)의 뜻을 가르치면서 모든 사람들이 '바른 생각과 바른 삶'을 살도록 지도했다.

셋째, 모든 가르침이 인생의 고통-고민-고생에서 벗어나 열반(만족한 삶)의 삶을 살도록, 탈삼독 수행(脱三毒-止觀修行)의 뜻을 강조하는 가르침이 법구경에 나타난 것이 큰 특징이다.

법구경을 펴내면서, '부처님의 생각과 월관의 생각이 하나가 되기를 바라면서' 단어 하나하나를 선택하였으나, 월관의 가진 것이 부족한 탓으로 깊은 뜻을 충분히 나타냈다고 말할 수 없다. 자각불교는 고해인생을 벗어나는 수행기법을 '탈탐진치(脱貪瞋痴)-탈삼독 수행-지관(止觀)수행'이라고 알게 되었다. 탈삼독 수행을 실천하는 지관수행에서도 구체적인 수행법은 '신수심법(身受心法) = 알아차림 = 정념수행(正念修行) = 위빠사나 수행'을 중심기법으로 꼽는다.

열반의 삶이란 '현생의 만족한 삶'이다. 진리에 대한 깨침을 이루고 나서, 중생교화에 일생을 덕행-봉사하면 누구나 붓다가 될 수 있다는 말이다. 누구나 될 수 있는 게 '붓다-깨친 이'이지만, 붓다가 되고

싶다고, 모두가 '붓다'가 되었다는 기록은 없다.

  모든 책의 글은 지은 날로부터 30년 이상 시간이 지나면, 후세의
사람들은 이런 책들을 '고전(古典)'이라고 부른다. 그만큼 인류의 생활
문화는 마치 지구가 태양의 주위를 초속 30km로 공전하듯이, 아주
빨리 변한다. 따라서 말과 글과 생각도 빨리 달라지고 변하기 때문에
법구경의 최초본의 글에 집착하는 것 보다는 부처님의 친설 속에 있
었던 뜻을 찾아내는 게 더 중요하다고 보았다.

  부처님의 친설 법문에서도 '방편설─비유설'을 인용해 대화자를 설
득하셨다. 진제의 진리를 말로 (깨치지 못한 사람에게) 알리는 것은 불
가능하다. 부처님께서 설하시고, 긴 역사의 흐름 속에서 '귀로 듣고,
말로 전해온' 글을 모은 것이 '법구경과 불경'들이니, 후학들이 읽을
때는 '자신의 생각'을 부처님의 생각과 일치시키려는 특별한 노력을
해야만 부처님의 깊은 뜻을 제대로 알 수 있다.

  부처님의 친설 법문인 법구경에 게송번호를 글마다 붙인 이유는
각 게송을 읽을 때마다, 독립된 가르침을 알게 하기 위함이니, 붓다
의 생각과 독자의 생각이 '하나'되기를 바란다. 법구경만큼 부처님의
뜻이 분명하게 나타난 불경은 드물 것이다. 독자님들은 부처님의 친
설 법문을 지금 듣는 느낌으로, 매일 한두 게송만 읽고, 자신에 맞는

수행을 꾸준히 실천하여 성불하기 바란다.

서기 2014년 9월 15일

自覺佛敎 月觀法師 金基源 합장

인간 붓다의 가르침 담마파다

차 례

제1장

두 가지
비유 법문

제1 게송

두 의식은 사람(五蘊−色受想行識)의 주인이다.
두 의식이 모든 생각과 행위를 실행한다.
사람이 나쁜 마음으로 말하고 행동하면,
그에게는 고통과 고민과 고생이 뒤따른다.

∴ 부처님께서 기원정사 수행처에 계실 때 설하신 말씀.

눈이 먼 짝쿠빨라 안과의사 수행자의 이야기다. 그는 눈 먼 환자를 치료하고 거짓말까지 했다. 그의 악행으로 인해서, 자신의 눈이 안 보이게 되었다. 이 경우를 보신 부처님의 게송이다. 짝쿠빨라는 눈이 멀어서 벌레들을 많이 발로 밟았다. 붓다의 가르침으로, 짝쿠빨라는 수행하여 아라한이 되었다.

두 의식(意識)이란 마음(六識)과 유전자식(遺傳子識=八識, 아뢰야식)이다. 나의 진짜 주인은 유전자 의식뿐이다. 마음은 생각의 흐름이니, 찰나 생멸한다.

인간 붓다의 가르침 담마파다

제2 게송

두 의식은 그들(五蘊)에 앞서가는 주인이며,

두 의식에 의해서 모든 행위가 지어진다.

만일 사람이 깨끗한 마음으로 말하고 행동하면,

그에게는 반드시 만족한 삶(열반)이 뒤따른다.

마치 그림자가 나의 뒤를 항상 따라 오듯이.

∴ 부처님께서 기원정사 수행처에 계실 때의 말씀.

이 지방의 큰 부자인 '맛타꾼달리'는 돈밖에 모르는 인색한 사람이었다. 그의 아들이 죽을병을 앓고 있어도, 병원에 가면 돈을 쓴다고 조약(調藥)을 지어 먹이다가 아들을 죽였다. 부처님께서는 많은 법문을 죽은 아들의 부모에게 한 후에, 이 게송을 말씀하셨다.

제3 게송

남이 나를 욕했고, 나를 때렸다.

남이 나를 굴복시켰고, 내 것을 빼앗았다고 하여

미움—증오를 마음속에 품고 있으면,

미움—증오는 마음속에서 없어지지 않는다.

제4 게송

남이 나를 욕했고, 나를 때렸다.

남이 나를 굴복시켰고, 내 것을 빼앗았다고 해도

미움—증오를 마음속에 품지 않으면,

미움—증오는 마음속에서 사라진다.

∴ 부처님께서 기원정사에서 설하신 게송. 거만한 띳사 비구와 모든 비구에게 하신 말씀이다.

띳사 비구가 행동이 거만하고, 선배 비구들에게, 좋지 않는 언행을 하는 것은 나쁜 행동이다. 그러나 모든 비구들은 그를 미워하면 안된다. 미워하는 마음이 생기면, 사라지지 않는다. 미운 생각을 마음에서 지워버리면, 마음은 고요하고 깨끗해진다.

제5 게송

우리가 사는 이 세상에서,

원한으로서는 원한을 풀 수 없다.

오직 용서로만 원한을 풀 수 있으니,

이 가르침은 영원한 진리이다.

인간 붓다의 가르침 담마파다

∴ 부처님께서 기원정사에서 하신 말씀. 원한을 품은 깔라야키니 여인의 이야기에서 유래했다.

이 여인은 자식을 낳지 못하여 젊은 여자를 남편에게 권하여, 둘째 부인으로 삼았다. 둘째 부인이 아기를 가지게 되자, 두 번 낙태를 시켰다. 세 번째 낙태를 시키려 할 때, 둘째 부인이 죽고 말았다. 남편이 이를 알고, 첫 부인을 때려서 죽이고 말았다.

이 이야기를 들은 붓다께서 이 게송을 설했다. 원한으로 맺은 인연은 나쁜 결과를 가져온다. 좋은 인연으로 살아야 만족한 삶을 산다.

제6 게송

만일 진실하고 지혜로운
덕 높은 벗을 만나면 함께 즐겁게 산다.
삶의 모든 위험으로부터 벗어나야 한다.
마땅히 코끼리가 홀로 숲 속을 거닐듯이,
어리석은 자와는 벗이 될 수 없느니라.

∴ 부처님께서 기원정사에 계실 때 하신 말씀.

꼬삼비에서 수행하는 두 비구 집단의 다툼 이야기다. 한 비구는 훌륭한 율사이고, 다른 비구는 설법 강사였다. 이 비구들을 따르는 두 집단이 서로 비난했다. 붓다께서는 다투는 두 집단의 비구들에게 이와 같은 게송을 말씀하신 것이다. 수행처에서 서로 비난하는 행동은 당연히 나쁘다. 수행자 집단은 서로 화합하고 단결해야 한다. 화합이 어려우면, 차라리 그런 수행자를 홀로 두고, 고요한 분위기를 만드는 것이 더 좋다.

제7 게송

오관은 잘 다스려지지 않아서 바쁘며

음식의 때와 양을 모르고

게을러 노력이 없는 수행자를

마라(貪瞋癡)는 쉽게 쓰러뜨린다.

마치 뿌리 약한 나무를 바람이 쓰러뜨리듯이.

제8 게송

몸이 더럽고 허무하다는 진실에 마음을 집중하여
오관을 잘 다스리고 음식을 절제하여
신심(信心)이 충만하여
밤낮으로 정진하는 수행자는
마라도 감히 어찌하지 못한다.
마치 폭풍이 큰 바위를 흔들지 못하듯이.

∴ 붓다께서 세따부야에 계실 때 설하신 게송이다.

형 마하깔라와 동생 쫄라깔라 수행자의 이야기다. 형은 불교에 대한
신심이 깊고 부지런했으나, 동생은 감각적 쾌락에 빠지고 게을러서
수행을 하지 않았다. 형이 삼법인을 깨치고 큰 수행자가 되었으나,
동생은 형이 가정을 지키지 않는다고 불평하였다. 이런 현상을 보신
부처님께서는 위 게송으로 설명하셨다.

제9 게송

그대가 번뇌에 쌓여 청정치 못하고,

진실을 말하지 않고, 자기를 자제하지 못하면,

비록 '노란색 가사'를 입었다 해도,

그대에게는 아무런 공덕이 없으리라.

제10 게송

그대가 번뇌에서 벗어나 청정하고,

엄정하게 계행을 지키며,

자기의 감관을 잘 다스려 진실을 말하면,

그대에게 '노란색 가사'는 고귀한 것이 되리라.

∴ 부처님께서 기원정사에 계실 때 하신 말씀이다. 붓다의 4촌 동생 데와닷따(Devadatta)는 비구가 되었으나 교만해졌고, 나중에는 부처님을 살해하려는 음모를 꾸몄다. 자기 계보를 데리고 가서 교단도 세웠다. 그를 경책하시는 경구이다.

사람들은 진실 아닌 것을 진실이라 믿고,
진실을 거짓이라고 생각할 수도 있다.
이런 사람들은 틀린 생각에 머물러 있으니,
결코 참다운 진리를 깨치지 못한다.

제12 게송

사람들은 진실을 진실이라 믿고 받들며,

진실 아닌 것을 진실 아닌 것이라 믿는다.

이런 사람들은 바른 생각을 가지고 있으니,

마침내 참다운 진리를 깨치게 되느니라.

∴ 부처님께서 죽림정사(웰루와나)에 계실 때 설한 말씀.
사리뿟다와 마하목갈라나 수행자가 붓다를 만난 이야기다. 회의론자
인 스승 산자야의 제자 500명을 데리고 두 수행자는 부처님의 수행처
로 가서, 진리로 고통을 물리치고, 윤회를 벗어나는 길을 찾고자 했
다. 그러나 그 중 250명은 산자야의 수행처로 다시 돌아갔다. 사리뿟
다와 마하목갈라나는 붓다보다 나이도 많았다. 그들은 붓다의 열반
소식을 듣고 먼저 세상을 떠났다.

제13 게송
<hr>

마치 성글게 이은 지붕에

비가 쉽게 스며들듯이

굳게 수행되지 않은 마음에는

탐욕과 갈망은 쉽게 스며든다.

제14 게송
<hr>

마치 튼튼하게 이은 지붕에

비가 쉽게 스며들지 못하듯이

굳게 수행을 하는 마음에는

탐욕과 갈망은 쉽게 스며들지 못한다.

∴ 부처님께서 죽림정사(웰루와나)에 계실 때 설한 말씀이다.

붓다의 이복 동생인 난다는 결혼식 날 비구가 되었다. 붓다를 키워주신 이모(마하빠자빠띠)와 아내(야소다라)도, 아들(라훌라)도 이복 동생 난다도 모두 붓다의 제자가 되었다. 인간이 사는 지구도, 태양도, 우주도 모두 사라진다. 그 옛날, 하늘을 눈으로 보면서, 이 진리를 깨쳤다니 석가모니 부처님께서는 인류의 큰 스승이요, 대 과학자이시다.

인간 붓다의 가르침 담마파다

제15 게송

사람들은 이 고장에서도 비탄에 빠지고,

다른 나라에 가서도 같은 비탄에 빠진다.

이와 같이 악하고 나쁜 행동을 한 사람은

세상 어디에서도 같은 괴로움을 겪게 된다.

악행을 되돌아보고, 참회해야 용서를 받는다.

∴ 붓다께서 죽림정사(웰루와나)에 계실 때 설한 게송. 돼지를 잡는 백정 쭌다에 관련한 설법이다. 누구든지 자기가 저지른 행위에 대한 업보는 언제라도 반드시 자기가 받게 된다는 법문이다. 불교에서는 이 말을 '자업자득(自業自得)'이라한다.

사람은 이곳에서도 즐겁게 살고,

사람은 다른 곳에서도 즐겁게 산다.

이처럼 착한 행동을 하며 사는 사람은

어느 세상 곳곳에서도 즐겁게 산다.

착한 행동을 한 사람이

더욱 즐거움을 느끼는 것은

즐거움을 누리는 것보다도

자기의 선행을 되돌아보기 때문이다.

∴ 부처님께서 기원정사(제따와나)에 계실 때 하신 말씀. 재가 남자 신도인 담미까에 대한 이야기이다. 수행자 담미까는 사념처경(身受心 法 수행경)을 외우고, 수행자의 몸과 느낌과 마음과 세상의 진리를 느 꼈다. 이와 같이 생각하는 수행은 그 힘이 위대하다. 어디에서나 이 경을 따르는 수행자는 고요한 미음으로 만족한 나날을 보내며 즐겁 게 살 수 있다.

제17 게송

우리는 이곳에서도 고통 당하고
우리는 다른 곳에서도 고통 당한다.
이처럼 악한 행동을 한 사람은
세상 어느 곳에서나 고통을 겪는다.
나는 악행을 저질렀구나 하는 정신적 고통을 느끼고
죽음을 맞으면서도 또다시 고통을 느낀다.

제18 게송

우리는 이곳에서도 즐겁고,
우리는 다른 곳에서도 즐겁다.
이처럼 착한 행동을 한 사람은
세상 어디에서도 즐거움을 누린다.
나는 선업을 쌓았구나 하는 정신적 기쁨을 느끼고
죽음에 이르게 되면, 더 만족한 순간을 느낀다.

∴ 부처님께서 기원정사에 계실 때 하신 말씀이다.

제17 게송은 데와닷따 비구에 대한 이야기이고, 제18 게송은 아나타삔띠까의 막내딸 수마나데위에 대한 설법이다.

부처님께서는 데와닷따에게 "너는 다시 나를 보지 못할 것"이라고 말하셨다. 악행을 한 사람은 연못에 가면 물이 갈라지니, 어디를 가도 악행의 대가는 반드시 받아야 한다. 한편, 부처님께서는 수마나데위에게는 "항상 정신이 깨어있고 마음이 집중되니, 살아 있는 동안 즐겁고 어디에서도 즐거우리라"고 말씀하셨다.

제19 게송

수행자가 많은 경을 독송할지라도
게을러서 깨침수행을 하지 않으면,
마치 남의 목장의 소를 세는 목동과 같나니
수행자로서의 아무런 이익을 얻을 수가 없다.

비록 경을 적게 독송할지라도 불법수행을 실천하여

탐욕과 성냄과 무지를 없애고 진리를 바르게 깨쳐서

번뇌가 안 생기면, 현재와 미래에 집착이 없어지나니,

수행자는 참된 이익을 얻고 나서, 남을 가르칠 수 있다.

∴ 부처님께서 기원정사에 계실 때 설한 말씀이다.

두 친구가 비구가 되어 각각 다른 수행에 전념했다. 오래 만에 두 비구가 만나서 서로 자기의 수행을 말한다. 이때 부처님께서 나타나서, 근본교리의 어려운 질문을 했다.

지식공부를 많이 한 비구는 아는 것만 잘 대답했다.

깨침을 얻었던 비구는 진리를 따라서 정답을 말했다.

붓다는 두 대답을 평가하면서, 결론을 말했다.

"아는 지식은 깨친 지혜만 못하다."

수행자는 깨침수행을 열심히 하라!

제2장

마음집중의
수행

제21 게송

마음집중은 죽음을 벗어날 수도 있다.

마음집중이 되어 있지 않음은 죽음의 길.

바르게 마음을 집중하는 사람은 해탈할 수 있다.

마음집중이 안되는 사람은 열반을 얻을 수 없다.

제22 게송

이와 같은 진실을 완전하게 알고.

항상 마음을 집중시키는 수행자에게는

마음집중은 그에게 법열(기쁨)을 주고

그를 언제나 성스러운 길에 머물게 한다.

성스러운 길=진리를 수행하는 이의 삶

제23 게송

수행자가 계속 마음집중을 수행하면,

마음의 고요함과 평화를 누릴 수 있나니,

닙바나(涅槃)는 모든 얽매임으로부터 벗어난 경지.

닙바나(열반)는 위없는 참된 고요이며 만족함이다.

Nibbana=열반=진리를 깨친 마지막 경지의 삶(無苦無樂)

∴ 부처님께서 고시따 수도원에 계실 때 말씀하신 게송. 꼬삼비국의 왕비 사마와띠와 관련된 이야기다. 500명의 궁녀 중에, 쿠주따라 시종은 꽃을 구해서, 왕궁과 부처님께서 오시는 곳에 놓았다. 또한 부처님의 설법을 듣고 와서, 가르침을 많이 전해 주었다. 설법 가운데 자주 나오는 경전의 업장 이야기(조상의 유전자와 내가 태어난 후에 지은 業藏)를 설법하신 게송들이다.

제24 게송

누구든지 마음집중을 효율적으로 실천하라.

행동은 순수하게, 마음은 자제력을 가지라.

매사에 사려 깊으며, 법다운 생활을 하라.

그에게 명예와 존경은 착실히 늘어난다.

∴ 부처님께서 죽림정사에 계실 때 하신 말씀. 은행가의 아들인 꿈바고사까 이야기이다. 꿈바고사까는 부모가 유행병에 걸렸을 때, 먼 시골로 가서 건강을 유지하며 자랐고, 유행병이 사라지자 몇 년 뒤에 돌아왔다. 이때 부모는 돌아가셨고, 은행가의 재산을 찾아냈다. 그는 부모의 큰 재산을 가지면 의심을 받을까봐 힘든 일을 하며 살았는데, 이를 빔비사라 왕이 듣고 그를 데리고 부처님을 찾아가서 부처님께서는 청년을 어떻게 보시는지 여쭈어 보았던 것이다.

인간 붓다의 가르침 담마파다

제25 게송
<u>──────</u>

최선을 다한 노력과 주의력으로

신수심법 수행으로 잘 억제하고 단련된

자기 자신을 의지처(依支處)로 삼는다면

어떤 홍수도 그를 휩쓸어 가지 못하리라.

∴ 부처님께서 죽림정사에 계실 때 하신 말씀. 큰 은행가의 손자 쫄라빤타까의 이야기다. 손자 둘은 마하빤타까와 쫄라빤타까이다. 큰 손자는 현명하여 붓다의 설법을 듣고, 깨침을 얻어서 일찍이 아라한이 되었는데, 둘째 손자는 재주가 없고 둔한 아이였다. 둔한 쫄라빤타까는 비구가 된지 네 달 만에 용맹정진하여 깨침을 얻고 아라한이 되었다. 재주가 있건 없건 용맹정진하면 깨친다.

홍수 : 인생을 괴롭히는 사고팔고(四苦八苦)를 상징함. 즉, 탐욕, 쾌락, 집착, 그릇된 신앙, 사성제를 모름.

제26 게송

어리석은 자들은 주의력이 없고,

마음을 자제하지 못한 생활에 탐닉한다.

지혜로운 사람들은 신수심법 수행을

값진 보배로 생각하여 잘 수행한다.

제27 게송

마음을 산란케 하지 말라.

감각적인 쾌락에 탐닉하지 말라.

일어나고 사라지는 모든 현상의 관찰에

신수심법 수행의 능력을 키운다면

그는 마침내 위없는 만족을 얻으리라.

인간 붓다의 가르침 담마파다

∴ 부처님께서 기원정사에 계실 때 설한 게송. 어리석은 자들의 발라낙캇따 축제이야기에서 유래했다. 한 마을에 어리석은 이들이 더러운 몸과 못된 말들을 함부로 하는 자기들의 축제를 7일 동안 진행하여, 수행자들은 탁발을 할 수 없었다. 축제가 끝나고, 사람들이 부처님을 찾아왔을 때 지혜가 있는 사람들은 어리석은 행동을 하지 않고 마음을 닦아서, 깨침을 얻고, 열반의 삶을 편히 산다.

현상 : 정념수행 중 신수심법(身受心法)의 생멸(生滅)하는 현상.

만족 : 수행에서 얻는 닙바나(涅槃)를 말함.

제28 게송

현자는 바른 수행으로써 태만을 다스려,

슬픔에서 벗어나 지혜의 정상에 올라서,

중생의 어리석음을 내려다본다.

마치 산 위에 오른 사람이,

산 아래 사람들을 내려다보듯이.

∴ 붓다께서 기원정사에 계실 때 하신 말씀. 마하가섭 존자에게 가르친 이야기이다. 가섭 존자가 석굴에서 수행하고 있을 때다. 그는 중생이 업장(業藏)에 따라 태어나고 죽는 것을 잘 알지 못한다고 하였다. 부처님께서는 생명윤회가 조상의 業藏(유전자)에 따라서 후손들이 태어남을 가섭존자가 모른다고 하시면서, 이 게송으로 바른 교리를 설하셨다.

제29 게송

게으르고 혼침한 자들의 무리 안에서도,

정념수행으로 깨어 있는 현자는,

언제나 앞을 향해 나아간다.

마치 준마(駿馬)가 내달려서,

둔마(鈍馬)를 뒤에 남겨 놓듯이.

∴ 부처님께서 기원정사에 계실 때 설한 말씀. 친구 사이인 두 비구의 이야기이다. 가끔 한 비구가 붓다를 찾아와서 다른 친구가 설법만 듣고 게을러서 실천은 하지 않는다고 하였다. 이때 붓다는 이렇게 그를 꾸짖었다. "그를 함부로 비방치 말라! 그는 열심히 수행하려 하니 달리는 준마와 같도다."

제30 계송

마음의 집중력이 깊은 수행은

그에게 진리를 얻게 하리니,

이와 같은 주의력에는 칭찬이 따르고,

게으름에는 비웃음만 따른다.

∴ 부처님께서 죽림정사 근처 꾸따가라 수도원에서 하신 말씀.

젊은 '수행자−여행자'를 위한 휴게소가 있었다. 그 휴게소에는 젊은
이들이 지킬 7가지 교훈을 자세하게 적어서, 잘 보이도록 걸어 놓았
다.

7가지 교훈은 ① 부모에 효도하기 ② 노인을 존경하기 ③ 고운 말
하기 ④ 남을 비방하지 않기 ⑤ 남에게 베풀기 ⑥ 진실만 말하기 ⑦
감정을 절제하기 등이다.

제31 게송

마음집중 수행을 기뻐하고

게으름과 무관심을 두려워하는 비구는

수행의 장애를 제거해야 항상 발전한다.

마치 불길이 크고 작은 것들을 모두 태워버리듯이.

수행의 장애는 아래의 10가지 수행에 얽매임을 가리킨다.

∴ ① 자아–아상에 얽매임(집착)

② 담마–불법에 대한 의심(못 깨침)

③ 신에 대한 집착(제사)

④ 감각적 쾌락(욕망)

⑤ 탐욕, 성냄, 무지

⑥ 현생에서 오래 살고 싶은 욕망

⑦ 천상에서 영생코자 하는 욕망

⑧ 교만괴 남을 속이고 싶은 생각

⑨ 초조와 불안한 심성(허상, 망상)

⑩ 무명(無明)–아직 진리를 못 깨침.

제32 게송

마음을 집중하여 수행함을 기뻐하고,

게으름과 무관심을 두려워하는 비구는

뒤로 물러서지 않아서, 닙바나에 가까워진다.

∴ 부처님께서 기원정사에 계실 때 설하신 게송. 나까마와시띠사 수행자에 대한 말씀이다. 그는 부처님의 수행처에서 검소한 수행을 하여 다른 비구들로부터 왕따를 당했다. 말인 즉, 그는 오직 맛있는 음식만 받아먹는, 음식에 까다로운 사람이라는 비방을 들었다. 그러나 부처님께서는 오히려 비방하는 비구들에게 그런 말을 하지 말라고 했었다.

비구(빅쿠) : 출가스님

닙바나(nibbana) : 열반 = 만족—깨친 이의 삶

제3장

생멸하는 마음
─생각

제33 게송

마음은 실로 변덕스럽고 요사스러우니.

이를 보호하고 다스리기는 매우 어렵구나.

지혜로운 사람은 마음을 다스려 바르게 산다.

마치 화살을 만드는 사람이 굽은 화살을 펴듯이.

제34 게송

물 밖에, 땅 위로 던져진 물고기가

몸부림치며 팔딱거리듯이,

마음은 항상 흔들리고 떨며 몸부림친다.

고통으로부터 벗어나는 순간에야,

수행자는 비로소 속제를 떠나,

진제에서 진리를 깨쳐 성도(성불)한다.

인간 붓다의 가르침 담마파다

∴ 부처님께서 짤리까 산에 계실 때 하신 말씀. 시자인 메기야 수행자와 관련한 이야기다. 메기야 수행자는 '나도 빨리 깨침을 얻고 싶다'라고 결심을 하고 나서, 부처님께 아뢰었다.

"부처님, 저도 혼자서 참선을 하게 허락해 주세요."

부처님께서는 첫 번째는 거절하였다. "나를 가까이에서 돕는 것은 시자에게 주어진 의무이다."

그러나 메기야는 자기의 뜻을 다시 진언했다. 그러자 부처님께서 참선할 것을 허락했다. 메기야는 하루 종일, 나무 그늘에서 좌선을 했지만 아무 것도 깨치지 못하여 실망하고 다시 부처님을 모시겠다고 돌아왔다. 이와 같이, 깨침이란 서둔다고 얻는 것이 아니라는 부처님의 가르침이다.

고통 : 마라(Mara-惡魔-殺者-障碍)

속제(俗諦) : 삶의 도리-세상의 지혜=방편설

진제(眞諦) : 진리의 경계-우주-자연의 진리

성도성불(成道成佛) : 진리를 깨쳐 부처(성인)가 됨

제35 게송

마음은 빠르게 움직여서 다스리기 매우 힘이 든다.

어느 것이든 좋아하는 것에 쉽게 따르고 머문다.

마음을 다스리는 것은 참으로 훌륭한 일이다.

잘 다스려진 마음은 만족한 삶을 가져온다.

∴ 부처님께서 기원정사에 계실 때 하신 말씀. 생각을 다스리기 어려운 비구들의 이야기다.

어느 때, 우기가 닥쳤는데 60명의 비구들이 한 집을 찾아서, "모두가 묵을 수 있느냐?"고 물었다. 집 여 주인은 "그렇게 하시라"고 했다.

그런데 한 비구가 부처님께 말씀을 드렸다. "저 여 주인은 우리들의 마음을 다 읽고 있습니다. 그러니 저는 다른 곳으로 가려고 합니다."

이때, 부처님께서는 말씀하셨다.

"너의 마음만 잘 다스리면 되는 일인데, 그 마음을 다스리지 못하느냐?"

마음을 잘 다스리라는 가르침이다.

행복 : 속제적 표현 즉 욕망을 충족시킨 마음상태이다.

불교는 욕망-욕심을 제거하거나, 줄이는 것이 수행의 목표이다.

열반(만족) : 부족을 못 느끼는 상태를 얻기 위한 고행-수행.

마음은 섬세하여 잘 보기는 어렵다.

어떤 경우이든 즐거움을 따라 움직인다.

현자는 그런 마음을 자제하고 지키나니,

잘 지켜진 마음이 그에게 만족을 가져온다.

∴ 부처님께서 기원정사에 계실 때 설한 말씀. 수행에 만족하지 못하는 비구들 이야기다.

부처님 수행처에서 수행하던 한 비구가 "수행이 어려우니 집으로 가서 하는 게 더 좋을 것 같습니다. 몸과 마음이 여러 가지를 실천하려고 하니 복잡합니다."하고 아뢰었다.

이에 부처님께서는 이렇게 설하셨다. "한 가지만 잘 다스리면, 복잡할 것이 없으니, 네 마음을 잘 지켜라."

제37 게송

마음은 끝도 없이 움직이고 스스로 움직인다.

마음은 물질이 아니면서도 물질 속에 있다.

어느 누구라도 마음을 잘 다스리는 사람은

고해인생에서 완전히 벗어나리라.

∴ 부처님께서 기원정사에 계실 때 한 말씀. 상카락키따 비구의 조카 비구 이야기이다.

상카락키따의 여동생은 자기 오빠를 존경하여 결혼 후 아들을 낳아서, 이름을 외삼촌을 따라 지었다. 그 아들은 자라 외삼촌을 존경하여, 그의 제가가 됐다.

이에 대한 부처님의 말씀이다.

"마음은 먼 곳을 생각할 수도 있다."

"수행자는 마음의 본성을 잘 알아야 한다."

"마음에서 일어나는 여러 가지를 벗어나야 한다. 이 마음 수행이 잘 돼야 해탈할 수 있다."

마음은 동시에 두 생각을 못한다. 물질은 생명체(뇌)를 말한다. 인생자체가 고해인생이다.

수행자의 마음이 안정되어 있지 않고,

담마에 대한 바른 이해가 없고,

수행자의 신심이 확고하지 못하면,

그런 수행자의 지혜는 완전하지 않다.

수행자의 마음이 탐욕으로부터 벗어났고,

증오와 성냄으로부터도 벗어났으며,

선과 악을 모두 초월하였다면,

항상 경각심에 차 있는 수행자는

어떤 위험도 두렵지 않다.

∴ 부처님께서 기원정사에 계실 때 설한 말씀. 찟따핫타 수행자에 대한 이야기다.

이 수행자가 처음 수행처에 왔을 때는 여러 가지 불만이 많았었는데, 불교의 정법−담마를 알고나서 부터는 집보다는 수행처가 더 좋다고 했다.

한 가지 마음만 잘 다스리면 된다.

담마(DHAMMA) : 법−사물의 원리−진리

지혜(PANNA) : 반야. 진리를 깨친 지혜

선악 초월 : 깨친 이는 선악을 초월한다.

경각심 : 깨친 이는 항상 정신이 깨어있다.

위험 : 노병사(老病死)는 태어났기(生) 때문에 얻는 위험.

제40 게송

육신의 허무함이 '질그릇 같다'고 깨친 수행자는
마음을 잘 다스려 튼튼한 성곽처럼 만든다.
수행자는 '마라'를 정복하고 마음을 잘 보호하여
더 이상 아무 것에도 집착하지 않는다.

질그릇 같다 : 무아(無我)—변치 않는 자성이 없음

마라(Mara) : 마귀, 사탄, 살인자. 장애물. 염라왕

자비 삼매경

수행자는 착한 일을 능숙하게 실천하고,
진정한 평화에 이르고자 노력하면,
'자비 삼매경'을 수지 독송함이 좋다.
수행자는 모든 일에 올바르고 정직하며,
부드럽고, 사납지 않고, 겸손해야 한다.

∴ 이 게송은 부처님께서 기원정사에서 하신 말씀. 500명의 비구들이 숲을 찾아서 수행할 때 부처님께서는 비구들에게 『자비 삼매경』을 설하였다.

법구경은 중생에게 설법하신 것이니 방편설이 많이 있다. 방편설(PIOUS FRAUD)은 중생의 이해를 돕는 속제설이다. 부처님께서는 신성(태양신, 하느님, 영혼-제사)을 부정했다. 자각불교도 붓다 불교의 '신성-영혼-제사 부정'을 따른다.

제41 게송

멀지 않는 미래에 내 몸은 흙속에서 썩고
마음-영혼은 어디론지 사라져 버린다.
내 목숨이 죽은 뒤, 덧없는 이 몸은
썩은 나무토막보다도 소용이 없다.

∴ 부처님께서 기원정사에 계실 때 하신 말씀. 고약한 냄새가 나는 띳사 수행자 이야기다.

부처님께서 고약한 그의 침상 옆에 서서, "너의 마음이 몸을 떠나게 되면 육신은 아무 쓸모가 없어 나무토막과 같이 흙바닥에 뒹굴게 될 것이니라" 하셨다.

제42 게송

원한과 같은 아주 나쁜 마음이라 할지라도,
그것은 단지 그 대상에게만 피해를 줄 뿐이다.
그러나 '나쁜 생각에 집착된 헛된 마음'은
자기 자신에게도 크나큰 피해를 준다.

∴ 부처님께서 코살라의 어느 마을에 계실 때 하신 말씀. 이 마을에
서 부잣집 소를 키우던 난다의 이야기다.

어느 날, 사냥꾼의 화살에 맞아서 난다는 죽고 말았다. 난다의 죽
음과 부처님의 만남이 무슨 인연인가? 부처님께서는 따라온 제자들
에게 이렇게 말씀하셨다.

"도적이나 원수에 의해서 죽는 것보다도 타락하고 집착하는 마음
으로 사는 것이 더 큰 재앙이 되기 때문에 난다와 같이 죽음을 길에
서 당할 수도 있다."

타락되고 집착된 헛된 마음 : 불교의 오계를 어기고 비방하고 악담하는 마
음, 그리고 욕심-성냄-삿된 신앙을 믿는 마음.

제43 게송

이 세상에서 내가 해야 할 일이란

어머니도 할 수 없고, 아버지도 할 수 없고,

그 어떤 친구도 대신 할 수 있는 일이 아니다.

오직 바르게 인도하는 내 마음만이

모든 이들에게 이익을 주는 일이다.

∴ 부처님께서 기원정사에 계실 때 한 말씀. 소레이야라는 수행자는 붓다의 가르침을 받고 깨침을 얻었을 때, 갑자기 남자의 마음과 여자의 마음(부모의 마음)을 갖게 되었다. 부처님도 어버이 마음을 이렇게 설명했다.

"누구나 깨침을 얻고 중생에게 덕행을 베푸는 수행자가 되면 많은 중생의 어버이가 된 것처럼 중생을 자기의 자식처럼 돌보게 되느니라."

찰나 생멸하는 좋은 마음

1. 모두에게 베푸는 마음

2. 계행을 지키는 마음

3. 좌선 수행하는 마음

4. 어른을 존경하는 마음

5. 중생들에게 봉사하는 마음

6. 모든 이에게 회향하는 마음

7. 모든 덕행을 기뻐하는 마음

8. 법사들의 설법을 듣는 마음

9. 담마를 배워 실천하는 마음

10. 담마의 지혜를 전하는 마음

담마(Dhamma) : Dharma-曇摩-法-眞理

제4장

꽃밭을
가꾸듯이

제44 게송

어느 누가 몸의 흙 요소를 바르게 깨쳐서,

인간이 사는 세상의 삶을 바르게 가르칠까?

어느 누가 붓다의 높은 법문을 깨쳐서 분별할까?

마치 정원사가 꽃밭을 잘 가꾸고 키우듯이…

제45 게송

불교를 수행하는 제자들은 흙의 요소를 알고,

인간이 사는 삶을 바르게 가르치리라.

사찰-법당에서 수행하는 제자들만이

붓다께서 설하신 담마(진리)를 깨쳐서 분별하리라.

마치 정원사가 꽃밭을 잘 가꾸고 키우듯이…

인간 붓다의 가르침 담마파다

∴ 부처님께서 기원정사에 계실 때 하신 말씀이다.

부처님께서 500명의 제자와 함께 지방을 다녀온 다음, 제자들이 모여서 이런저런 이야기판을 벌렸다. 부처님께서 그들에게 말씀하셨다.

"무엇을 말하고 있느냐? 수행자는 보고 들은 겉모양 이야기를 하는 것보다도 네 몸 안에 있는 것들에 대해서 이야기를 해야 한다. 그것이 겉모양을 이야기 하는 것 보다 더 좋으니라."

흙의 요소 : 사람의 몸은 지수화풍(地水火風)임으로 흙은 곧 몸을 뜻함.

담마 : 법 또는 진리, 즉 붓다께서 가르친 선행의 수행법을 뜻함.

정원사 : 꽃을 가꾸는 사람, 중생을 지도하는 법사를 뜻함.

제46 게송

사람의 몸은 물거품처럼 허무하고,

마음은 아지랑이처럼 실체가 없다(無自性)고 깨친다면,

그는 능히 꽃대 같은 감각적 쾌락의 화살을 꺾으리니,

죽음의 왕(운명=생명본성)도 그를 보지 못하리라.

∴ 부처님께서 기원정사에 계실 때 한 법문.

"그렇다. 인간의 몸은 아지랑이와 같고, 물거품 같은 존재이니, 애착할 필요가 없다. 세상에 태어난 모든 생명은 똑같으니라."

제47 게송

아름다운 꽃만을 찾아서 헤매듯이,
마음이 쾌락에만 빠져 있는 사람은
죽음이 가까운 시일 안에 다가온다.
마치 잠든 마을을 홍수가 휩쓸듯이.

∴ 부처님께서 기원정사에 계실 때 하신 말씀이다.

꼬살라 왕자는 석가족을 싫어하는 생각을 갖고 있었다. 빠세나더 왕
은 수행처에 계시는 부처님을 찾아가서 매일 부처님과 수행자들이
왕궁에서 공양을 하시라고 초청했다. 그러나 부처님께서는 이를 거
절했다. 왜냐하면, 많은 마을 사람들이 부처님 일행에게 공양을 올리
고 싶어 하기 때문이었다. 부처님과 수행자들은 중생을 가족처럼 생
각하고, 중생들은 수행자들을 존경하고 가족처럼 보시공덕을 베풀어
야 하기 때문이다.

제48 게송

아름다운 꽃만을 찾아 헤매듯이,

마음이 감각적 쾌락에 빠져 있는 사람은

'그가 쾌락에 채 만족하기도 전에'

죽음은 그를 빨리 앗아가 버린다.

∴● "그러하니라. 비구들이여! 생명이란 그렇게 짧고 무상한 것이니라. 사람들이 채 감각적인 쾌락에 만족하기도 전에 죽음은 그들을 덮치느니라."

부처님께서 기원정사에 계실 때 하신 말씀이다. 인생이란 한 번 왔다가 한 번 죽는 것이니, 고생할 때는 길게 느껴지기도 하지만, 지나고 보면 인생은 짧은 것이다. 지금, 하는 일을 열심히 하라.

제49 게송

벌들이 꽃의 빛깔과 향기와 모양을 손상치 않고,

꿀만을 고스란히 얻어서 날아가는 것처럼,

비구는 마을에서 그와 같이 탁발해야 한다.

∴ "재가 신도들을 교화하려면 그들의 자존심을 상하지 않으며, 신심을 건드리지 않으며, 그들의 재산에 해를 끼치지 않으며, 마음에 어떤 부담도 주지 않아야 한다. 그것은 마치 벌들이 꽃에서 꿀을 따지만, 꽃의 향기나 모양을 해치지 않는 것과 같으니라."

부처님께서 기원정사에 계실 때 한 말씀이다. 마하목건련과 인색한 부자 꼬시야와 관련한 법문이다.

탁발 : 하루 한 번 얻어먹는 수행자의 식사(오전 11시).

제50 게송

다른 사람의 허물을 살펴서,

그가 선했는지, 악했는지를 판단하지 말라.

다만, 자신이 지은 모든 언행이

선했는지, 악했는지를 먼저 살펴야 하느니라.

∴ 정법을 수행하는 자는 외도의 말 따위에 관심을 가질 필요가 없다. 정법을 수행하는 자는 먼저 자신의 착한 업과 착하지 않은 업을 돌아보고 악업에 대해서는 참회를 해야 한다. 이 게송은 부처님께서 기원정사에서 하신 말씀이다. 나체로 수행하는 자이나교도 빠티까와 관련한 게송이다. 정법을 수행하는 여인들은 외도의 몸과 말에 관심을 갖지 말라.

아름다우나 향기 없는 꽃은

가진 사람에게 아무 이익이 안되듯이

부처님에 의해 잘 설해진 담마(진리설법)도

수행을 통해 실천하지 않으면 아무 이익이 없다.

제52 게송

아름답고 향기도 높은 꽃이
가진 사람에게 아름다움과 향기를 주듯이
부처님에 의해 잘 설해진 담마를
생활 속에서 실천-수행하면 많은 이익을 얻는다.

∴ 이 게송은 부처님께서 기원정사에서 하신 법문. 재가 신도인 찻
따빠니와 고살리 국왕의 왕비 사이에 있었던 일에 관하여 하신 말씀
이다.

"누구든지 담마를 신심 있게 듣지도 않고, 독송도 안 하고 배운 것
을 설명하지도 못하고 수행도 안 하면 그것은, 비유컨대 모양은 아름
다우나 향기가 없는 꽃과 같으니라. 그러나 이런 모든 덕목이 잘 갖
추어지면 풍부한 열매가 그에게 생겨나는 법이니라."

제53 게송

정원사가 꽃밭에서
꽃을 모아 꽃다발을 만들듯이,
사람은 태어나 죽을 때까지
착한 행동과 삶을 살아야만 한다.

∴ 사람은 언제나 착한 행동을 하려고 애써야 한다. 많은 선업을 쌓아온 사람은 마치 화훼 전문가가 농장에서 꽃을 모아서 많은 꽃다발을 만드는 것과 같다. 부처님께서 뿜빠라마 수도원(여자 신도인 위사카가 헌납한 비구니 수행처)에서 하신 말씀이다. 뿜빠라마 수도원은 동부정사, 녹자모강당, 동원정사로 불린다.

제54 게송

꽃의 향기는 바람을 거슬러 가지 못한다.
산달과 따가라와 자스민의 향기 또한 그러하다.
오직 덕(德)의 향기만이 바람을 거슬러 올라가나니,
착한 사람의 선행(善行)은 사방팔방으로 퍼지니라.

산달(SANDAL) : 전단향(栴檀香)—白檀, 黃檀, 紫檀이 있다. 산달의 향기에는
네 가지 향이 난다고 한다.

따가라(TAGARA) : 남미와 아시아에 있는 영산홍이다.

자스민(Jasmin) : 밝은 노랑색 향기나는 꽃.

제55 게송

산달(전단향)의 향과 따가라(영산홍)의 향과
연꽃의 향과 자스민의 향이 좋다고 하나
세상에 있는 모든 향(香) 가운데
수행자가 풍기는 계향(戒香)의 향기가 으뜸이니라.

제56 게송

따가라와 산달의 향기는
미미하고. 약한 것이다.
오직 계향의 향기만이 강하나니.
마침내 그 향이 세상 끝까지 이르리라.

∴ "마하가섭과 같은 경지에 이르면, 그 명성이 널리 퍼져서 마침내 온 천하에 이르리라."

부처님께서 죽림정사에 계실 때 마하가섭에 관해 하신 말씀이다. 멸진정 또는 적멸 즉, 열반의 경지에 이른 마하가섭의 수행을 칭찬하신 것이다. 마하가섭 존자가 '위빠사나-정념수행'에 몰입한 상태를 가장 훌륭한 수행으로 공개한 붓다의 친설수행법이다. 정념수행은 신수심법(身受心法)을 상황에 맞게 마음이 일치하도록 하는 '만법일여(萬法一如)'의 수행이다.

제57 게송

만일 수행자가 계율을 잘 지키고,

정신을 차려 깨어 있는 수행을 계속하면

올바른 깨침(正覺)을 7일만에도 성취한다고 했다.

비불교 수행자는 깨침의 마음을 찾을 수 없느니라.

∴ 부처님께서 죽림정사에 계실 때, 고디까 수행자가 깨침을 얻으려고 목을 칼로 찔러서 깨치는 순간, 죽었다고 전한다. 이를 안 사교(邪敎) 수행자는 부처님께 고디까의 영혼윤회를 물었다. 이에 부처님께서는 "죽은 이는 다시 세상으로 돌아오지 않는다(一期人生)"고 대답하셨다. 전통불교에서는 영혼의 부활-윤회를 바라고 있지만, 붓다는 비유법으로 생명이 부활한다는 말은 하지 않았다. 진리깨침수행에 있어서 위빠사나(정념수행=신수심법 수행법)를 붓다는 최상의 수행이라고 했다. 마음집중은 대상(身受心法) 어느 것에 집중하느냐 가 깨침의 핵심이다. 지관(止觀)수행의 요점을 설명한 부분이다.

제58 게송

큰길 가의 쓰레기 더미 속에서도,
진흙탕 물이 고인 연못 속에서도,
맑고 향기로운 연꽃이 피어나듯,
연꽃은 보는 이들을 즐겁게 한다.

인간 붓다의 가르침 담마파다

바른 가르침을 한 번도 받아보지 못해서

눈멀고 어리석은 바보 같은 사람들 속에서

항상 맑은 지혜로서 영광스럽게 빛나는 성자,

이들은 실로 최고 정각자(正覺者)의 성스런 제자들이다.

∴ 부처님께서 기원정사에서 하신 말씀이다. 어리석은 사람들이 서로 모함하고, 싸우는 삶을 보면서, 중생들은 지혜의 눈이 없기 때문에 깨친 이들을 못 알아본다. 지혜가 없으면 눈 먼 사람과 다름이 없다. 지혜를 가진 사람은 진실을 쉽게 알고, 볼 수 있다.

제5장

아직 못 깨친 사람들

제60 게송

망상으로 잠 못 이루는 사람에게 밤은 길고,

피곤한 여행자에게 십리 길(1 요가나)은 멀며,

참된 가르침을 모르는 어리석은 사람에게

생사의 운명은 한없이 길고 괴롭구나.

∴ 한 여인이 부처님께 말씀드렸다. "잠을 못 이루는 자에게 밤은 한 없이 길다고 깨쳤습니다. 피곤한 여행자에게는 10리 길은 아주 멀다고 깨쳤습니다."

생명윤회 즉, 삶과 죽음이 반복되는 것은 생명에게 한없이 괴롭다. 생명윤회는 우주가 유무윤회(有無輪廻)를 하듯이 영원히 반복될 것이다. 지구가 존재하는 날까지, 중생의 생명은 자손으로 전해질 것이다. 누구의 인생이든 모든 것은 괴로움이라고 불교는 가르친다. (一切皆苦)

위 게송은 부처님께서 기원정사에 게실 때 하신 말씀이다. 꼬살리 국왕 빠세나디와 가난한 남자의 아내와 관련된 법문이다. 국왕은 아름다운 아내의 남편을 자기 시종으로 고용해서, 죽일 생각을 하고 있었다. 그 국왕의 생각을 알아차린 부처님께서는 게송으로 국왕의 마음을 돌리라고 하였다. 국왕은 모든 죄수들을 놓아 주었고, 미녀의 남편은 깨침을 얻고 성자가 되어서 아내와 잘 살았다.

제61 게송

만일 자기보다 더 지혜롭거나 혹은
동등한 수준의 벗을 구하지 못하면
차라리 굳게 결심하고 홀로 수행하라.
어리석은 자와는 수행의 벗이 될 수 없다.

∴ 마하가섭 존자가 한 어리석은 제자와 수행을 함께 했을 때, 그
제자가 탁발을 나가서 부처님께서 병이 들었다고 거짓말을 하여 탁
발(맛있는 음식)을 얻어 자기가 먹었다는 소문이 퍼졌다. 이 소문을 기
원정사에서 전해 들은 부처님께서 위의 게송을 말씀하셨다. 마하가
섭 존자가 수행을 할 때 그에게 반항적인 한 수행자가 행한 거짓을
꾸짖은 법문이다.

제62 게송

아난다는 아들과 재산이 있으니,
사람들이 자기를 믿고, 집착하는 줄 안다.
자기 몸도 자기 것이 아니거늘 하물며
어찌 자식과 재산이 자기의 것인가?

∴ 부처님께서 기원정사에서 하신 말씀. 인색한 부자 아난다와 관련된 이야기다. 아난다는 자기가 아들이 있고 재산이 많아서 사람들이 자기를 부자로 존경하는 줄 알고 있다. 세상에 있는 모든 재산이 자기의 것이 아니라는 것과 재산도 자식도 자기 것이 아니므로 집착하지 말라는 말씀이다.

제63 게송

어리석은 사람들이 자기가 어리석다고 알면,
그들은 이미 현명한 사람이 됐다고 볼 수 있다.
어리석은 사람들은 스스로 현명하다고 생각하니,
잘못된 생각이 그들을 더 어리석게 만든다.

∴ 부처님께서 기원정사에 계실 때 하신 말씀. 두 소매치기 소년과 관련된 이야기 다. 한 소년은 부처님의 설법을 듣고 깨쳤으나, 다른 한 소년은 설법 중에 다른 사람의 주머니를 털겠다는 생각을 하고 있다가 한 신사의 주머니에서 지갑을 훔쳤다. 이 말을 부처님께서 듣고 하신 법문이다.

제64 게송

어리석은 사람(수행자=비구)은
설사 지혜로운 수행자(붓다)와 평생을 살아도
담마(진리-佛法)를 깨치지 못한다.
마치 국자가 국맛을 모르는 것과 같다.

∴ 이 게송은 한 수행자가 대중에게 불법을 가르쳤는데 그 비구는
오온(五蘊), 육근(六根), 육경(六境)도 모른다는 것이 알려졌다. 부처님
과 함께 수행하던 비구(스님)들은 깜짝 놀라서 부처님께 이 사실을 알
렸다가, 위 게송을 들었다.

이 법문은 부처님께서 기원정사에 계실 때 하신 말씀으로, 함께 있
던 다른 비구들이 아는 척하는 비구를 사실대로 부처님께 아뢰었다
가 들었던 게송이다.

오온 : 색수상행식(色受想行識)은 곧 사람을 표현한 말이다.

육근 : 눈-귀-코-혀-몸-의식이니 곧 사람의 의식이다.

육경 : 느끼는 모양-소리-냄새-맛-감촉-느낌의 대상이다.

제65 게송

총명한 수행자는 비록
깨친 이(부처님)와의 삶이 짧을지라도
담마(진리)를 금방 깨칠 수도 있다.
마치 혀가 국맛을 금방 알듯이!

∴ 이 게송은 부처님께서 기원정사에 계실 때 한 말씀이다. 불교수
행에서 깨침은 기초교리만 닦고 나면, 깨침 자체는 한 찰나에 깨치게
된다. 깨치는 수행자의 마음─정신이 맑게 깨어있으면, 어떤 충동─
감응을 받는 한 순간에 깨치게 된다. 깨친 이들의 감동이 같지는 않
지만 결과는 깨침이다. 단, 붓다께서 깨친 진리를 깨쳐야 한다.

제66 게송

누구든지 자기가 자기의 원수이다.
어리석은 사람들은 지혜가 부족하여,
함부로 행동하며, 악행도 저지르니,
결국에는 언젠가 혹독한 벌을 받는다.

인간 붓다의 가르침 담마파다

∴ 누구든지 지금 받는 벌이나, 고통-고생은 지난 날에 자기가 지은 업행(業行) 때문이거나, 조상들의 업행이 자기에게 유전자식(遺傳子識)을 통해서 전이된 결과라는 것을 믿고, 알아야 한다. 이러한 업식전이(業識轉移)의 가르침을 아는 사람은 자기와 후손들을 위해서 좋은 일만 하고, 나쁜 일은 하지 않을 것이다.

위 게송은 부처님께서 기원정사에 계실 때 하신 말씀이다. 나병 환자 숩빠 붓다의 이야기에서 유래했다. 이 환자는 늘 부처님의 설법을 들을 때, 대중의 맨 뒤에 앉아서 들었으나 가장 먼저 깨침을 얻었다.

제67 게송

어떤 행동의 결과가
눈물이 되고, 후회할 여지가 있다면.
그 행동은 결코 훌륭했다고 말할 수 없다.

∴ 부처님께서 기원정사에 계실 때 설한 말씀. 독약을 숨긴 한 농부의 이야기다. 도둑질을 하지 않았던 농부를 왕에게 알려서 왕의 재판을 하게 된 상황에서 부처님께서 재판의 증인이 되어 죄 없는 농부에게 무죄를 선고 하게 하였다. 이 농부는 훗날 부처님 설법을 듣고 깨쳤다.

제68 게송

남에게 기쁨을 주고, 남의 어려움을 돕는 사람의
행동결과는 자신의 기쁨이요, 만족이 되리라.
그런 행동은 한 점의 후회도 없을 것이니,
수마나의 행동은 매우 훌륭했도다.

❖ 수마나는 부처님께 정성스럽게 꽃을 공양한 여인이다. 이렇게
남을 기쁘게 하거나, 남의 어려움을 돕는 자는 평생을 편한 마음으로
살며, 고통-고민-고생 없이 살리라.

제69 게송

악행을 한 결과가 나타나지 않는 동안,
어리석은 사람들은 악행의 단맛을 꿀처럼 여긴다.
그러나 악행이 마침내 그 결과를 나타낼 때,
그들은 크나큰 고통을 느끼게 된다.

∴ 부처님께서 기원정사에 계실 때 설하신 법문. 비구니를 성폭행한 난다가 산 채로 땅에 묻혔다는 말을 듣고 이 게송을 읊으셨다. 수행자가 어느 비구니에게 성범죄를 저질렀다는 소문을 부처님께서 듣고 왕을 찾아가서, "야산에서 비구니들이 수행하는 것은 위험하다"고 건의했다. 왕은 곧 비구니들의 전용 수행처를 만들어 주었다.

제70 게송

어리석은 사람이 심한 고행을 하면서,
풀잎 끝에 달릴 정도의 음식만 먹고
한 달 또 한 달을 살아간다고 해도
붓다의 사성제(四聖諦)를 깨친 사람의
십분의 일의 가치도 얻지 못한다.

∴ 부처님께서 기원정사에 계실 때 설하신 게송. 재산가의 아들 잠부까에 대한 이야기다. 잠부까는 땅바닥에서 잠을 잤다고 한다.

"보통 사람들이 큰 고행을 한다고 해도, 고집멸도 사성제를 깨친 이의 도과(道果)에 비하면, 16분의 1도 되지 않느니라."

사성제에 대한 깨침이 그만큼 크다는 것을 강조하신 말씀이라고 본다.

사성제 : 고집멸도(苦集滅道) 즉 고통은 쌓여서 병이 된다. 그것을 없애는 수행법(脫貪瞋痴)을 닦으면 고통은 사라진다. 부처님의 가르침 중에 가장 중요한 생활수행법이다.

제71 게송

악행의 과보가 즉시 일어나지 않는 이유는
금방 짜낸 우유가 즉시 상하지 않는 것과 같다.
시간이 지나면 악행의 과보는 어리석은 자에 나타난다.
마치 부엌 재 속에 묻혀 있었던 숯불과 같다.

∴ 하나의 행위에 대한 과보는 시간이 지나면서, 여러 가지 형태로 행한 자에게 나타난다. 자기가 행한 선한 행위는 좋은 과보로 나타나고, 악한 행위를 한 사람에게는 나쁜 과보가 나타난다. 이와 같이 모든 과보는 누구도 피할 수 없다.

제72 계송

누구나 수행하지 못한 자의 기능과 지식은
어리석은 자기를 도리어 해치게 되나니,
그런 사람은 자기의 생각과 능력으로써
스스로 삶과 지혜를 파괴할 뿐이다.

"어리석은 자에게는, 자기의 잔꾀나 지식도 아무 쓸모가 없느니
라. 도리어 자기를 불행하게 하거나 해를 입힐 뿐이니라."

부처님께서 기원정사에 계실 때 하신 말씀이다. 샷티꾸따뻬따와
관련된 계송이다.

제73 게송

어리석은 비구(수행자)는 칭찬 받기를 원하고,

비구들의 윗자리에 서기를 원하며,

자기의 권위 세우기를 원하며,

관계없는 사람들로부터도

존경 받기를 원한다.

제74 게송

"여기에 모인 모든 비구와 모든 신도들아!

이 모든 일은 내가 이룬 것이다. 그러므로

너희는 크고 작은 모든 일에서 나만 따르라!"

이렇게 말하는 어리석은 자들에게 이르노니,

"이런 생각은 너의 교만과 욕망만 키울 뿐이다."

∴• 부처님께서 기원정사에서 가정을 가진 찟따 수행자에 관련된 이
야기를 근거로 하신 말씀이다.

인간 붓다의 가르침 담마파다

제75 게송

세상을 사는 두 가지 길이 있다.

하나는 세상의 명예를 추구하는 길이요,

다른 하나는 닙바나로 사는 수행의 길이다.

이 가르침을 완전히 이해한 붓다의 제자들은

세상의 물질적 이익과 명예를 추구하지 않는다.

그러한 비구는 고요한 숲속에서 수행만 힘쓰나니,

집착에서 벗어나서, 닙바나(열반=진제)를 성취한다.

∴ "비구(수행자)들이 숲속에서 수행할 때, 신도들로부터 많은 공양(음식-후원금)을 바라지 말라. 비구가 세상의 명예와 재물과 이익을 바란다면, 붓다께서 가르치는 우주의 진리를 깨칠 수 없다. 아무런 욕심도 갖지 않고 꾸준히 수행을 하면, 반드시 모든 비구들과 신도들은 깨침을 얻어서, 나와 같이 성불하여 붓다의 삶을 살리라."

부처님께서 기원정사에 계실 때, 사마네라와 관련하여 하신 말씀이다.

제6장

깨쳐서 지혜를 얻은 사람들

제76 게송

자기의 잘못을 경책하는

지혜로운 사람의 지도를 따라서 수행하여라.

마치 땅속에 묻힌 보물을 캐러갈 때 안내를 받듯이

지혜로운 사람의 지도를 받으면서 수행하면,

그는 향상하고 발전할 뿐, 결코 타락하지 않으리라.

∴● 부처님께서 기원정사에 계실 때, 라다라는 비구가 5대 제자 사리불의 지도를 잘 받는다는 말을 듣고 띳사 사바네라에 관련한 말씀을 하셨다.

"깨친 이는 진리를 못 깨친 이를 쉽게 안다. 못 깨친 이는 깨친 이를 알아보지 못한다."

경책(警策) : 수행할 때 졸면 때리는 등 주의를 주는 것.

제77 게송

깨쳐서 지혜로운 수행자는
어리석은 수행자를 훈계하고 충고해야 한다.
어리석은 자는 훈계와 충고를 거부할 수도 있다.
자기에게 도움이 되는 말을 거부하면 못난 사람이다.

∴ 부처님께서 기원정사에 계실 때, 앗사지와 뿌나빠수까 비구에 대해 가르친 말이다. 부처님께서는 "계율을 지키지 않는 수행자는 수도원에서 추방해야 한다. 수행자를 가르치는 지도자는 여래의 이 말을 망설이지 말라." 하셨다.

제78 게송

나쁜 친구와 사귀지 말라.
비열한 사람과도 사귀지 말라.
좋은 친구를 많이 사귀어라.
진리를 깨친 이와 사귀고,
덕이 높은 성자와 함께 수행하여라.

∴ "수행자 찬나여! 그대와 함께 수행하는 자들은 지혜와 덕망이 매우 높은 성자 비구들이니 너의 훌륭한 친구이니라. 너는 마땅히 그들과 사이 좋은 관계를 가져야 하느니라."

그러나 찬나 수행자는 계속 비구들을 비방하였다. 그러자, 부처님께서는 내가 반열반(죽음)에 이룰 때까지 찬나는 내 충고를 안 받아들을 것이라고 꾸짖었다. 부처님께서 기원정사에 계실 때, 찬나 수행자와 관련된 말씀을 위와 같이 하셨다.

제79 게송

담마의 감로수를 마셔 본 사람은
고요한 마음으로 만족하게 살아간다.
지혜로운 사람은 언제나
자기가 깨친 진리를 즐거워한다.

∴ 부처님께서는 "제자 마하 깝비나는 담마(진리)의 맛을 알고, 마음을 고요히 하여, 만족하게 살고 있기 때문에, 그와 같은 말을 자주 반복한다"고 말씀하였다. 위 게송은 부처님께서 기원정사에 계실 때 마하 깝삐나 수행자와 관련해서 하신 말씀이다.

제80 게송

농부는 물길을 돌려서 논밭에 물을 대고,
화살을 만드는 장인은 굽은 화살을 바르게 하며,
목수는 나무 조각을 다루어 수레바퀴를 만들고,
지혜로운 수행자는 자기의 마음을 다스린다.

∴ 부처님께서는 이렇게 더 설명하였다.

"누구나 진지하게 담마(진리 수행)를 닦으면, 아라한(부처와 같은 수행자)
이 되지 않았느냐?"

부처님께서 기원정사에 계실 때 빤디따 사마네라에 관해 설한 게
송이다.

제81 게송

산 위에 있는 큰 바위가 바람에 흔들리지 않듯이,
지혜로운 수행자는 칭찬이나 비방 때문에
마음의 평정을 잃지 않으리라.

∴ 부처님께서는 기원정사에서 이렇게 설명하셨다.

"아라한(깨친 수행자)은 감정이 흔들리지 않는다. 상대방이 사나운 말을 해도, 원한이나 악심을 품지 않는다. 아라한은 자기에 대한 칭찬에도 마음이 흔들리지 않는다."

제82 게송

지혜로운 사람은 담마(진리)를 잘 새겨들어

깊고, 맑고, 고요한 호수와도 같이,

자기의 마음을 정숙하게 한다.

∴ 부처님께서는 깐아 마따가 공양을 많이 했다는 말을 들으시고 이렇게 말씀하셨다.

"비구들이여, 깐아의 마음은 한동안 혼란했으나, 지금은 여래의 법문을 듣고 고요하게 되어, 그 같은 공양을 즐겁게 행하고 있다."

제83 게송

덕이 높은 수행자는 모든 것에 집착을 버리고,

마음을 고요히 가지며, 감각적 쾌락에 안 빠진다.

지혜로운 수행자는 즐거움이나 슬픔을 당해도,

날뛰거나 좌절하는 모습을 보이지 않는다.

∴ 부처님께서는 기원정사에서 500명의 비구들에게 설법하셨다.

"어리석은 사람들의 행동은 무엇인가 잘못되어 갈 때는 슬퍼하고 당

황한다. 지혜를 얻은 수행자는 인생의 괴로운 내리막길에서나, 즐거

운 오르막길에서나, 항상 마음의 평정을 잃지 않고 자신을 지키느니

라."

법구경

진리를 깨친 사람은

자기를 위해서도, 남을 위해서도,

악행을 범하지 않고, 편하게 살아간다.

아들딸이 재산을 원해서 악행 하는 것도 말리며,

바르지 않는 방법으로 성공하는 것도 원치 않는다.

이와 같은 사람들을 가리켜 계행(戒行)과 지혜가 있으며,

바른 법(부처님의 正法)을 깨친 정의로운 사람이라 한다.

∴• 부처님께서 기원정사에서 담미까 수행자에 대해 하신 말씀.

"비구들이여! 현명한 사람은 악행을 하면서 잘 살고 부자가 되기를 바라지 않는다. 부처가 깨친 진리를 깨치고 진리에 따라 살아가면, 해탈하여 열반의 삶을 누리리라."

·

제85 게송

·

많은 사람들 가운데 극히 적은 수의 사람만이

저 언덕(속제에서 진제의 경지)에 이른다.

대부분의 사람들은 방황하다가 열반을 못 이룬다.

담마(진리)를 진지하게 수행하는 사람은

저 언덕(진제 경계)에 이른다. 아주 건너기 어려운

해탈열반의 삶을 편하게 살 수 있다.

∴ 속제는 인간이 사는 세상이고, 진제는 진리의 경계이다. 해탈열
반의 삶이란 탈탐진치를 이루어 편히 산다는 말이다. 많은 사람은 이
세상과 자신(五蘊과 法界)에 집착한다. 적은 수의 사람들만이 자연의
진리와 본질을 깨쳐서 닙바나(열반)를 성취하고, 일기인생을 잘 마친
다.

　이 게송은 부처님께서 기원정사에서 설하셨다.

제87 게송

인생의 고생을 벗어난 슬기로운 수행자는

사성제(四聖諦)를 깨쳐서 밝은 지혜를 얻는다.

집착을 벗어나서 큰 즐거운 삶(열반)을 누린다.

제88 게송

생활 속에서 쾌락을 포기하기는 참으로 어렵다.
수행자는 다섯 가지 장애(五蓋)에 걸리지 않고,
지혜롭게 자기의 마음을 깨끗이 닦아야 한다.

제89 게송

붓다의 깨침수행법으로 수련한 사람은
집착과 욕망의 포기를 쉽게 실행한다.
이런 수행자는 곧 번뇌에서 멀어질 수 있다.
수행을 잘 닦은 아라한 막가와 팔라 같이
이 세상을 살면서, 닙바나(열반)를 성취한
진정한 부처님의 제자가 된 수행자들이다.

제7장

아라한은
깨친 이들

제90 게송

아라하뜨(아라한=깨친 이)에게

생사의 여행(고해인생)은 끝났다.

슬픔과 오온의 현상으로부터 해탈하고,

모든 얽매임을 다 벗어나 버린 그에게는

이제 더 이상 마음의 괴로움은 생기지 않는다.

∴ 부처님께서 지와까 수행자에게 이렇게 말씀하셨다.

"지와까여! 여래가 붓다(깨침)를 이룬 이래 고통으로 인하여 불편을

느껴 본 적은 한 번도 없느니라."

진리깨침수행에 전념하는 수행자는

감각적 향락과 쾌락을 즐거워하지 않는다.

새 중의 여왕인 백조가 진흙 연못을 떠나듯이

아라하뜨(아라한)는 모든 욕망을 던져 버렸노라.

∵ 부처님의 추가 설명이다.

"비구들이여! 너희들은 마하 까싸빠가 라자가하의 신도들이 바치는 물품 따위에 집착하고 있다고 생각하느냐? 잘못된 생각이다. 그는 물품에 집착해서가 아니라, 여래의 지시에 따라서, 지금 여기에 머물고 있느니라." 이 게송은 부처님께서 죽림정사에 계실 때 한 말씀이다. 마하가섭 존자가 부처님을 돕기 위해 머물던 이유를 신도들에게 알린 것이다.

제92 게송

아라한 수행자는 아무것도 저장하지 않는다.

수행자는 음식을 받을 때도 그 의미를 비추어보고,

닙바나(열반)는 빔(空)이니, 자취를 안 남긴다.

수행자는 다만 해탈열반하는 것만이 목적이니,

마치 새들이 허공을 날아가도 자취가 없듯이

수행자가 가는 길에는 아무 흔적이 없느니라.

∴ 부처님의 이 게송은 어느 비구(수행자)가 음식을 저장했다는 말을 듣고 설한 법문. 그 수행자는 음식을 저장한 것이 아니라 다음 음식을 받는 시간에 수행을 계속하기 위해서였고, 부처님께서 음식 저장을 금지한 계율을 선포하기 이전에 한 행위라고 해명하셨다.

제93 게송

아라한은 번뇌로부터 벗어난 사람이다.

음식이나 의복 따위에 집착하지 않는다.

닙바나(열반)는 비움이요, 욕심이 없다.

그들은 다만 해탈만이 수행의 목적이다.

마치 새들이 허공을 날아도 자취가 없으니,

새들이 나는 길에는 자취를 찾아 볼 수 없다.

∴ "수행자 아라한들은 음식이나, 의복에 욕심이 없다. 수행자에게 보내온 음식은 여러 사람들이 만든 것이지, 특정한 사람이 특정한 수행자에게 보낸 것이 아니니라."

부처님께서 기원정사에서 머무실 때, 제자 아누룻다에 대해 하신 말씀이다.

제94 게송

아라한의 감각기관(느낌과 마음)은 고요하여,

마치 잘 길들여진 준마(駿馬)와 같으니라.

아라한은 교만과 번뇌로부터 완전히 벗어난 사람.

실로 진리를 깨친 이들은 아라한들을 칭찬한다.

∴ 부처님의 말씀이다.

"자기의 감각 기관을 잘 제어하고 다스리는 사람은 진리를 깨친 이들
이다. 그래서 보통 사람들이 모두 존경하고, 흠모한다."

제95 게송

아라한들의 인욕(忍耐心)은 대지와 같다.

화를 내어서 남을 자극하지 않는다.

뜻은 집의 기둥처럼 꿋꿋하여

칭찬과 비난을 들어도 마음은 그대로다.

마음은 고요하고 맑아서 호수와 같다.

이런 아라한은 일생을 편안하게 지낸다.

∴ 부처님께서 기원정사에서 하신 말씀이다.

"비구(수행자)는 사리불과 같아서, 성냄이나 원한을 갖지 않는다. 수행자의 마음은 참는 힘이 굳고, 고요한 호수와 같으니라."

제96 게송

아라한의 마음은 항상 고요하다.
그들의 말은 고요하며, 그들의 행동도 조용하다.
그들은 진실로 담마(진리)를 깨친 사람들이다.
그들은 모든 번뇌로부터 벗어났으므로,
그들의 삶은 만족—불만족에 동요하지 않는다.

∴ 부처님께서 기원정사에서 띳사 수행자의 제자인 사마네라에 관해 하신 말씀이다. 아라한은 어느 누구에게나 화를 내지 않는다. 그들은 감정을 잘 다스려서, 마음의 완전한 고요와 모든 중생을 동등하게 생각하는 마음이 있다.

제97 게송

진리를 깨친 수행자(아라한)는

다른 사람의 말을 쉽게 따르지 않는다.

깨친 수행자는 해탈 열반을 얻었으며,

착한 것과 악한 것에도 얽매이지 않는다.

모든 사리사욕과 집착도 던져 버렸으니,

깨친 수행자는 중생 속에서 사는 성자니라.

∴ 부처님께서는 기원정사에서 이렇게 다시 설명하셨다.

"부처님의 제자 사리불은 수행하여 진리를 깨쳤다. 여래가 말로 가르쳐서 그렇게 깨친 것이 아니다. 사리불은 여래를 믿으며, 선악을 잘 구별하여 그 결과에 잘 순응하고, 잘 믿고 살았었다."

제98 게송

도시 마을이거나, 숲속 마을이거나

수행자가 사는 곳이 어디이든지,

깨친 수행자가 머무는 곳은

언제나 즐거움만 있다네!

인간 붓다의 가르침 담마파다

∴ 부처님께서 기원정사에 계실 때 하신 말씀. 숲 속에 사는 레와따 수행자에 관한 이야기이다. 깨침을 얻은 수행자는 어디에서 살든지 사는 곳이 편안하니, 즐거운 열반의 삶이다.

제99 게송

숲 속의 삶이야말로 즐거운 삶이다.
그러나 세상에 사는 사람들은
숲 속의 삶이 즐겁다고 안 느낀다.
모든 욕망으로부터 자유로운 사람만이
숲 속에서 즐거움을 느낀다.
진리를 깨친 수행자는 더 이상
감각적인 쾌락을 찾지 않기 때문이다.

∴ "여래의 제자 수행자들이여! 세상 사람들은 감각적인 쾌락을 추구하지만, 수행자는 그래서는 안된다. 보통 사람들은 숲 속에서 쾌락을 찾지 못하지만 수행을 닦아 진리를 깨친 수행자는 즐거운 인생을 찾아야 하느니라."

제8장

천 가지 말보다
한 뜻을 잡아라

제100 게송

불교의 열반이나 진리와 무관한
일천 가지 법문을 듣는 것보다도
듣는 사람의 마음이 맑아졌거나,
한 마디 진리법문이라도 깨쳤다면,
그런 사람은 값진 수행을 하였구나.

∴ 이 게송은 부처님께서 기원정사에서 하신 말씀이다. 악하게 살
던 사람도 한 마디 진실한 법문을 듣고 스스로 깨침을 얻거나, 열반
의 마음 상태에 머물면, 오래오래 불법공부와 수행을 한 사람보다도
더 귀한 불법의 진리를 깨쳤다고 볼 수 있다. 그러니, 한 마디의 법문
이라도 바르게 깨치는 것이 진실한 불자의 수행(삶)이 될 것이다.

인간 붓다의 가르침 담마파다

제101 게송

진리를 깨치는 것과 관련이 없는
일천 편의 의미 없는 게송을 듣기보다는
단 한 편에 지나지 않더라도
진리를 깨치게 해주는 게송을 읽는 것이 좋다.

∴ 부처님께서 기원정사에서 하신 말씀. 바히야다루찌리야와 관련
된 이야기이다.

"아라한(진리 깨친 이)을 이루는 것은 법문을 듣는 횟수와는 관계가
없느니라. 아주 짧은 단 한 차례의 법문일지라도 법문이 유익했다면
그 사실이 더 중요하다."

제102 게송

진리를 깨치는 것과 관련이 없는
무의미한 게송 백편을 읊어주는 것 보다는
단 한편에 지나지 않을지라도,
듣는 이의 마음을 열게 하고, 고요하게 해주는
깨침의 게송을 읊어주는 것이 훨씬 더 낫다.

제103 게송

큰 전쟁터에서

백만 사람을 정복하는 것보다는

자기 자신을 정복하는 것이

참으로 위대한 승리이다.

∴ 이 게송은 부처님께서 기원정사에서 하신 말씀이다. 꾼달라께서는 비구니(여자 스님)가 된지 불과 며칠 만에 아라한(깨친 이)이 되었다.

"어떻게 부처님의 법문 몇 번을 듣고서, 부처님께서 깨친 큰 진리를 깨칠 수 있습니까?"

이 질문을 수행자들로부터 받은 부처님께서 위 두 게송을 말씀하셨다. 꾼달라께서는 다른 종교를 믿었고 살인까지 했던 사람인데, 부처님의 가르침을 받고, 며칠 만에 큰 진리를 깨쳤던 것이다.

월관(月觀)은 예수교를 50년 믿고, 불교로 개종했다. 1996년 8월 15일(성모 승천일) 리비아 사막 가운데서, 맑은 하늘에서, 하늘의 천둥소리 뒤에 "자각 덕행 하라!" 하는 하늘의 소리를 들었다. 이 소리는 하늘나라로 가신 이명우 신부님이 필자에게 자각(自覺)종교를 가르친 것이라고 믿는다.

자기를 이기는 것이

남을 이기는 것보다 낫다.

그러므로 자기를 잘 다스리면,

마침내 모든 행동에 자제력이 생긴다.

제105 게송

나라의 임금이나 군대의 장수라도

자기를 이긴 승리자를

다시는 패배자로 만들지 않는다.

∴ 수행에 나쁜 습성 6가지

  1. 아침 해가 떠도 늦잠을 자는 것.

  2. 자기 일에 게으르고 태만한 것.

  3. 잔인하고 남과 잘 다투는 것.

  4. 술과 마약을 자주 먹는 것.

  5. 밤에 쓸데없이 걷는 것.

  6. 음행을 자주 하는 것

  이 게송은 부처님께서 기원정사에 계실 때 브라흐만 아낫타뿟차까
와 관련해 하신 법문이다. 수행자는 일상생활에서도 모범이 되어야
한다고 가르치신 생활지도의 게송이다.

제106 게송

매일 백 년 동안 쉬지 않고,

어떤 사람에게 많은 돈을 주는 것보다.

백 년 동안 귀신에게 제사를 지내는 것보다.

빈 방에서 홀로 수행하는 한 비구를 찾아가서.

잠시 동안이라도 존경의 예를 표하는 것이 더 낫다.

∴ 지옥에 가신 외삼촌을 천당으로 보내고 싶다는 수행자에게, 부처님께서는 이렇게 말씀하셨다.

"브라흐만이여! 호흡과 마음을 고요히 수행하는 비구에게 한 주걱의 쌀밥을 공양하는 것이 매일 까와빠나(천원)을 다른 사람에게 주는 것보다 낫다."

이 게송은 부처님께서 죽림정사에 계실 때 사리불의 숙부에 관해 말씀하신 법문이다.

제107 게송

백 년 동안 숲 속에서
불의 신(拜火敎의 神)을 숭배하는 것보다,
백 년 동안 귀신에 제사를 지내는 것보다,
신수심법(身受心法)을 수행하는 비구를 찾아가
경배를 드리는 것이 훨씬 좋을 것이다.

∴ 부처님께서 사리불의 어린 조카에게 설하신 가르침.
"젊은 브라만이여, 수도원에서 일념으로 수행하는 비구를 찾아가서
경배를 드리는 것이, 배화교의 신(太陽神)에게 백 년 동안 제사를 지
내는 것보다 더 좋을 것이다."
부처님께서 죽림정사에서 하신 말씀이다.

제108 게송

공덕을 지으려고 한 평생 제사를

계속 올리는 사람들도 있다.

그러나 제사를 지내는 공덕은

바른 길을 수행하는 비구에게

한 번의 예경을 올리는 것의

십분의 일에도 미치지 못한다.

∴ 부처님께서 제자 사리불의 친구에게 하신 게송.

"브라만이여! 잠시나마 성자들에게 공손히 예경하는 것이 십 년 이십 년 제사를 지내는 것보다 더 훌륭하리라."

부처님께서 죽림정사에서 하신 말씀이다.

제109 게송

덕이 높고 나이 많은 어른들을

항상 존경하고 받드는 사람에게는

네 가지 이익이 자기에게 돌아온다.

오래 살고, 모습이 예뻐지고,

삶이 편안해지고, 그리고 건강도 좋아진다.

∴ 한 제자가 부처님께 물었다.

"오래 살려면 어떤 방법이 있습니까?"

　부처님께서는 이렇게 대답하셨다.

1. 나이 많은 사람들을 받들고 함께 살아라.

2. 지혜 높은 분과 살면 네 모습도 좋아진다.

3. 진리를 깨친 사람과 살면 삶이 편안해진다.

4. 깨쳐서 지혜가 많은 사람과 살면 건강해진다.

5. 부부사랑은 몸보다 마음으로 사랑해야 오래 산다.

제110 계송

감각기관을 잘 다스리지 못하고

부도덕하게 백년을 사는 것보다

단 하루를 살아도 계행을 지키며

자기 자신을 수행하는 것이 좋다.

∴ 부처님께서 죽림정사에 계실 때 하신 말씀이다.

"비구들이여! 너희들이 강도짓을 하거나, 여러 가지 좋지 못한 짓들을 하면 백년을 사는 것은 아무런 의미가 없다. 누구나 자신을 자제하는 수행을 하며, 마음 닦는 게 인생을 잘 사는 것이다."

제111 게송

감각기관을 잘 다스리지 못하고
무지하게 백년을 사는 것보다는
단 하루를 살아도 지혜를 따라 살고
심신을 고요히 닦는 것이 좋다.

∴ 사리불이 500명의 제자를 데리고 부처님을 찾아갔다.

부처님께서는 아래와 같이 말씀하였다.

"비구들이여, 무지하게 백년을 살아도 인생의 참뜻과 가치를 알지 못하느니라. 너희들은 내가 깨친 진리를 보았고, 깨쳤으니, 단 하루를 더 살아도 인생의 참다운 가치가 있느니라."

무지(無知)란, 불교에서는 부처님께서 깨친 진리를 못 깨친 것을 뜻한다. 지혜(智慧)란, 불교에서는 부처님께서 깨친 진리를 깨쳤다는 것을 뜻한다. 심신(心身)이란, 사람의 마음과 몸을 뜻한다.

117

게으르고 노력 없이 백년을 사는 것보다

단 하루를 살아도, 사마타-위빠사나 수행을

용맹 정진하는 것이 좋을 것이다.

이 수행이 진리를 깨치는 길이다.

∴ 수행자들이여! 어느 누구든지 마음을 집중하여, 고요히 앉아서, 몸으로 느끼는 것과 마음에서 생기고 사라지는 것과 내 몸 밖에서 일어나는 것과 사라지는 모든 것을 잘 관찰하여라. 깨침은 어느 순간에 수행자를 찾아올 것이다. 수행은 마음을 호흡에만 집중하여 몸과 느낌과 생각과 외부 대상을 자세히 관찰하면 된다. 붓다께서 친히 가르친 이 수행법은 위빠사나(VIPASYANA)-관법수행(觀法修行) 또는 정념수행(正念修行)이다. 신수심법(身受心法)을 집중된 의식으로 느끼는 관법수행이다.

제113 게송

오온에서 일어나고 사라지는 현상을 모르고,

백년을 사는 것보다는

단 하루라도 오온에서 일어나고 사라지는

진리의 현상을 깨치는 것이 훨씬 좋다.

∴ "비구니 빠따짜라여! 너는 이제 몸과 마음의 다섯 가지 칸다스 (오온=五蘊-色受想行識)를 깨쳤으니, 너의 삶은 진실을 따르게 될 것이고 바르게 살 것이다. 세상 진리의 근본교리인 삼법(三法)을 알게 되었다."

제114 게송

죽음은 일기인생의 마지막 과정이다.

자신의 생명을 후손에게 주는 것이

생명윤회의 정상적인 과정이다.

생명은 태어나고, 살다가 죽는다.

우주도 생기고, 있다가, 사라진다.

이 과정이 일체존재의 본성이고,

우주도 자연적인 윤회를 한다.

∴　이 게송은 연기생멸의 진리를 가르친 불법교리이다. '일체 중생은 생기면, 반드시 죽는다'는 연기생멸(緣起生滅)의 진리를 설명하였다. 우주의 존재성이 자연의 진리에 따라서 생기면, 없어지는 무한반복 윤회를 설명한 유정의 생명윤회설이다.

제115 게송

성스러운 부처님의 가르침을 모르고

백년을 사는 것보다는

단 하루라도 부처님께서 깨치고 가르친

진리를 알고, 깨쳐서, 사는 것이 더 낫다.

∴　설사 사람이 백년을 산다 해도, 부처님의 가르침을 따라서 수행하지 못한 사람의 삶은 인생의 의미를 모르고 죽는 것과 같다.

제9장

악한 짓은
하지 말라

제116 게송

착한 행위는 주저할 이유가 없다.

악한 행위는 하지 않도록 자제하라.

착한 행위에 느린 마음을 가지게 되면,

하지 않아도 된다는 생각이 날 수 있다.

나쁜 행위는 즐거움을 느낄 수 있기 때문에

누가 시키지 않아도 다들 쉽게 행하려고 한다.

∴ 부처님의 설명은 이러하다.

"착한 일을 할 때, 너무 느리게 하지 않는 게 좋다. 왜냐하면, 사람의
마음은 착한 일을 할 때는 기쁨을 잘 느끼지 못하지만, 나쁜 일을 할
때는 훨씬 더 쉽게 쾌락을 느끼기 때문이다."

만일 나쁜 일을 저질렀거든

그것을 계속하거나 되풀이하지 말라.

또한 그런 행동을 즐겨서도 아니 되나니,

나쁜 행위를 계속하면, 둑카를 얻게 될 뿐이다.

∴ 둑카(DUKKHA)는 모든 고통, 육체적–정신적–유전적 아픔이다. 나쁜 행위의 결과(一切苦)는 지금 당장 나타날 수도 있고, 훗날에 늙어서 나타날 수도 있고, 죽은 뒤에 후손들에게 유전자로 전이되어 고통–고민–고생으로 나타날 수 있다. 사성제(四聖諦)인 고집멸도(苦集滅道)의 첫째가 삶에서 느끼고, 얻고, 괴로워하는 중생의 아픔이다.

부처님께서 어느 수행자가 습관적인 음주행위를 한다는 보고를 받으시고, 불음주계(不飮酒戒)를 정하셨다. 불교 수행자가 계율을 어기면, 20명의 다른 수행자가 계율을 어긴 자를 감시하다가, 그가 참회하고 계율을 잘 지키겠다고 하면 감시하던 수행자 전원이 용서해야 다시 정상적인 수행자 생활을 할 수 있도록 규정했다.

만일 착한 일을 했거든

그 착한 일을 계속하라.

즐거운 마음으로 덕행을 쌓으면

너의 일생을 즐겁고 편하게 살리라.

너의 덕행은 너와 너의 후손들까지

즐거운 인생을 살게 할 것이다.

∴ 제따와나 수도원에 계시던 부처님께서는 먼 곳에 살면서 부처님과 함께 수행하기를 바라던 라자데외디따 여인에게 이렇게 말을 전하라 하셨다.

"너는 앞으로 많은 착한 일을 할 것이니, 널리 착한 덕행을 베풀 것이다. 나와 함께 수행을 하지 않아도 너의 공덕은 이미 널리 알려지고 있느니라." (착한 일 – 좋은 일 = 남에게 유익한 베풂이다.)

제119 게송

악업을 한 사람이라 할지라도

아직 악업의 과보가 나타나지 않아

즐거움을 누리고 있을 수도 있다.

그러나 악업의 과보가 나타날 때

그는 엄청난 고통을 받는다.

제120 게송

선업을 한 사람이라 하더라도

아직 선업의 과보가 나타나지 않아

고통을 당하고 있을 수도 있다.

그러나 선업의 과보가 나타날 때

그는 크나큰 이익을 받으리라.

∴ 부처님께서는 자업자득(自業自得)을 설명하셨다. 악한 사람도 그
악의 과보인 고통을 오래 겪지 않는 경우가 있다. 그러나 선과 악의
결과는 나의 후손이 받을 수 있다.

제121 게송

이것이 내게 무슨 영향을 미치랴 하여
작은 잘못을 짓는 것을 가벼이 여기지 말라.
어리석은 자는 그렇게 조금씩 쌓다가 큰 허물을 만든다.
마치 한 방울씩 떨어진 물방울이 큰 독을 채우듯이!
처마에서 떨어진 빗방울이 돌에 구멍을 뚫듯이!

∴ 조심성 없는 비구에게 부처님께서 하신 말씀.

"비구여! 너는 그 같이 행동하지 말라. 사소한 행동이라도 계속하다
보면, 너의 습관이 되어 큰 잘못도 저지를 수 있게 되느니라."

제122 게송

작은 덕행 짓는 것을 가벼이 여기지 말라.
지혜로운 자는 그렇게 조금씩 쌓다가 큰 덕행을 이룬다.
마치 한 방울씩 떨어진 물방울이 큰 독을 채우듯이!
처마에서 떨어진 빗방울이 돌에 구멍을 뚫듯이!

인간 붓다의 가르침 담마파다

∴ "여래의 가르침을 따르는 제자들이여! 아무리 작은 선행일지라도 계속해서 이루다보면, 마침내 큰 선행을 이루게 되느니라."

제123 계송

세상에서 돈을 가장 많이 갖은 부자도

그의 직원들과 함께 위험한 투자를 피하듯이,

100살이 넘은 노인도 오래 살고자 독약을 피하듯이,

사는 동안에는 작은 악행이라도 피해야 하느니라.

∴ 부처님의 설명이다.

"비구들이여! 마하다나는 도적을 피하기 위해 여행을 연기하였구나. 도적이란 나쁜 독약과 같다. 여래의 제자는 수행으로 악행을 멀리하려고 노력해야 한다. 여래의 제자는 수행으로 깨침을 얻고, 덕행을 베풀어야 한다."

제124 게송

손에 상처가 없는 사람은

독약을 만들거나, 다루어도 해가 없다.

독약은 상처 없는 사람에게 해가 안된다.

나쁜 짓을 하려는 생각이 없는 사람에게는

악한 행위는 가까이 안 오고, 붙지도 않는다.

∴ "수행자들이여! 진리를 깨친 수행자는 살생을 하지 않는다. 다른 사람이 살생을 하는 것도 원하지 않는다. 사냥꾼의 아내가 살생 도구를 준비해 주지만, 그녀에게는 악업의 과보가 돌아오지 않느니라."
그녀는 악행을 저지른 것이 아니기 때문이다.

제125 게송

어떤 사람이 나쁜 행동을 했다면

그 행동의 결과는 그 사람에게 돌아간다.

마치 바람이 거슬러 불어와서

모래 먼지를 날리는 것처럼.

∴ 한 수행자가 자기의 잘못이 없는데, 사냥꾼이 죽은 것을 숲에서 발견하였다. 수행자는 그의 죽음을 보고 어찌 할 줄 몰랐다. 부처님께서는 이 수행자에게 "너는 그의 죽음에 대하여 아무런 계행도 어기지 않았으니, 걱정하지 말라. 그 사냥꾼은 그가 잘못하여 죽었을 뿐이니라." 하셨다.

제126 게송

착한 사람은 자식을 착하게 기르고,
악한 사람은 자식을 악하게 기르니,
착한 사람의 가문은 크게 번성하고,
악한 사람의 가문은 자손이 끊어진다.

∴ 이 게송은 대중설법으로 중생의 참다운 삶은 남을 위한 삶, 즉 진리를 깨치고, 이타수행(利他修行)을 하라는 가르침이다.

제127 게송

악행의 업과를 피할 길은 없다.

하늘 위도 아니요, 바다 속도 아니다.

산속의 동굴도 아니요, 그 어느 곳도 아니다.

악행을 지으면 이 세상 어디에 있어도

그 업과를 반드시 받게 되느니라.

∴ 수행자들이 부처님의 설법을 듣고, "악행의 과보가 그렇게 무섭구나!" 하고 탄식했다. 악행의 결과가 미치지 않는 곳은 세상 어디에도 없다. 내가 살아있을 때는 나에게, 내가 죽은 다음에는 내 후손들에게 나의 악행의 업과는 꼭 찾아간다.

인간 붓다의 가르침 담마파다

제128 계송

악행을 행한 자는 피할 곳이 없다.

하늘 위도 아니요, 바다 속도 아니다.

산속의 동굴도 아니요, 어느 궁궐도 아니다.

죽음을 피하고 안전하게 편안히 살 수 있는 곳은

이 세상 어느 곳에도 없느니라.

∴ 부처님의 길을 막은 숩빠붓다 왕의 고사에서 나온 계송. 숩빠붓다 왕은 부처님께서 가실 길을 허락하지 않았다. 그런 좋지 못한 행동으로, 왕은 반드시 업과를 받았다는 이야기다.

왕의 오만한 행동에 대해 부처님께서는 "그의 궁전의 계단이 무너져서, 땅이 갈라지게 될 것이다."라고 말씀하였다. 부처님의 이 말씀을 왕에게 누군가 전달했지만, 왕은 그래도 참회하지 않고, "부처님의 말이 틀렸음을 내가 증명하겠다"고 장담했다. 그러자 궁궐 안에서 땅이 흔들리는 소동이 일어났다. 왕은 살려고 뒤뜰로 도망쳐서 달아났다.

132

법구경

제10장

폭력은
죄악이다

제129 게송

누구나 폭력을 두려워한다.

누구나 싸움을 두려워한다.

누구나 살생을 무서워한다.

누구나 전쟁을 무서워한다.

피해자의 입장을 생각한다면.

남을 때리고 죽일 수 있으랴!

∴• 여섯 수행자가 열일곱 수행자를 때리는 일이 벌어졌다. 이 말을 듣고, 부처님께서는 때린 여섯 수행자를 꾸짖었다. "남을 때리는 것은 나쁜 일이다. 수행자는 계율을 지키고, 남을 해치는 일을 해서는 안된다. 남을 동정하고, 남을 위해 이익이 되는 일을 하라"고 당부하셨다.

제130 게송

누구나 주먹이나 매를 두려워한다.

누구나 자기의 생명을 보호하려고 한다.

누구나 이기적인 유전자를 가지고 산다.

화가 났을 때, 남의 입장에서 생각하여라.

자기가 상대의 처지라고 생각해 보아라.

남을 때리거나, 죽일 수 있겠는가!

∴   여섯 명의 수행자가 열일곱 명의 수행자를 때렸다. 열일곱 명은
큰 소리를 치며 도망을 쳤다. 부처님께서 이 소리를 듣고 나서, 계율
을 더 엄격하게 정했다.

"누구든지 남을 향해서 주먹을 들고 위협하면 안된다."

이 계율이 정해진 뒤에는, 다시 싸우는 일은 없어졌다.

제131 게송

자기의 만족을 추구하면서

만족을 찾는 다른 사람에게 피해를 준다면,

그는 훗날에 만족을 누리지 못하리라.

제132 게송

자기의 만족을 추구하면서,

만족을 찾는 다른 사람에게 폭력을 행하지 않으면

그는 훗날에 반드시 만족을 누리리라.

∴ "만약 너희가 해침을 당하고 싶지 않거든 너희도 다른 사람을 해쳐서는 안된다. 만약 너희가 다른 사람을 해친다면, 너희는 열반을 얻을 수 없느니라."

제133 게송

사납게 말하지 말라.

사납게 말하면 역습을 당한다.

악의에 찬 말은 아픔의 원인이 된다.

마침내 당한 사람으로부터 보복이 돌아온다.

제134 게송
<hr>

만일 자신을 조용하게 자제할 수 있다면,
깨어진 징이 소리를 내지 못하는 것처럼
그런 수행자는 마침내 해탈열반을 얻게 되고,
사나운 생각과 행동도 자연히 없어질 것이다.

∴ 옛날에도 수행자들 사이에 남을 헐뜯는 말을 하다가 부처님께
꾸지람을 들은 경우가 흔히 있었다. "어떤 수행자가 여인과 둘이 있었
다"고 소문을 퍼트린 수행자에게 부처님께서는 위와 같은 훈계를 하
여, 마침내 그가 해탈열반을 누렸다고 한다.

제135 게송
<hr>

목동이 채찍으로 소떼를 몰아서,
목장으로 소를 들어가게 하듯이,
태어남과 늙음과 질병과 죽음은
생명들에게 일생을 끝내게 한다.

∴ 부처님께서 어느 날 500명의 여자 신도들에게 한 법문이다. 사람이 겪는 사고인생(四苦人生 : 生老病死)이란 태어나고, 늙고, 병들고, 죽는 것이 모두 고생이다. 四苦(네 가지 고생)는 피하기 어려운 아픔이지만 붓다께서 가르친 대로 수행(계행규범의 실천과 자기 수행)하면, 고통과 고생을 벗어날 수 있는 길이 있는데, 수행법을 가르쳐도 수행을 실행하지 않아서 일생 동안 수많은 고통을 받는다.

이때 모인 보살들은 불교의 계행을 지키는 이유를 말하기를, "첫 아기는 아들을 낳고 싶다. 아름다워져서 돈 많은 남편을 얻고 싶다"는 등등 붓다께서 가르친 계행의 참 뜻을 알아듣지 못하고, 개인적인 욕심으로 신행을 한다는 보고를 받고, 부처님께서 이 게송으로 법문하신 것이다.

제136 게송

어리석은 사람이 악행을 저지를 때
그 자신은 악행인 줄 모른다.
그러나 그가 범한 악행의 대가는
몸을 불태우는 것과 같이 무서우리라.

∴ 어리석은 사람은 악행을 쉽게 짓고, 악행에 대한 참회도 하지 않으니, 그 과보를 반드시 받게 되느니라.

제137 게송

해를 끼쳐서는 안될 사람들에게 무기를 사용하여
해를 끼치면 다음 몇 가지 중, 하나의 고통을 당한다.

제138 게송

심한 고통을 당한다. 아주 가난해진다. 팔과 다리를
모두 잃어버린다. 문둥병 따위의 나쁜 병에 걸린다.

제139 게송

정신 이상을 일으킨다.

왕의 노여움을 사서 모든 재산을 빼앗긴다.

재산과 명예를 회복할 수 없는 고소를 당한다.

가족이 생명을 잃는 불행을 당한다.

제140 게송

재산을 천재지변 등으로 잃게 된다.

집에 벼락이 떨어지거나 불로 타버린다.

그런 악행을 한 자는 죽은 뒤에도

자손들이 고통-고민-고생을 당하게 된다.

인간 붓다의 가르침 담마파다

제141 게송

발가벗어도 안되고, 머리를 헝클어서도 안된다.

몸에 진흙을 발라도 안되고, 피부를 검게 태워도 안된다.

땅바닥에서 자는 것도 안되고, 먼지를 뒤집어써도 안된다.

또한 수행한다고 앉아만 있는 것도 안된다.

사람들의 의심을 사게 하는 수행자는 남을 지도할 수 없다.

∴ 부처님께서는 수행자들에게 이렇게 설법을 했다.

"네가 가사를 입지 않고, 그렇게 서 있는 것은 옳지 않다. 그런 모습을 보고, 검소한 생활을 한다고 보는 사람은 없다. 수행자는 일체의 의심을 받지 않아야만 하느니라."

제142 게송

진리를 깨친 수행자가 화려한 옷을 입어도

그의 마음이 고요하고, 번뇌를 벗어나고.

감정을 다스려서, 정도(正道)를 깨치고,

깨끗한 마음으로 중생에게 자비심을 가지면,

그런 수행자를 브라흐마나─사마나─비구라고 한다.

∴ 부처님께서 화려한 관복을 입은 사람이 해탈열반에 들었다는 말을 어느 수행자로부터 들었다. 한 수행자가 "그런 사람도 깨친 수행자라고 불러도 됩니까?" 하는 질문을 받고 이 게송을 설했다.

브라흐마나는 불교가 생기기 전에 인도에 있던 태양신(太陽神)을 주신(主神)으로, 다신(多神)신앙을 믿던(힌두교의 前身) 수행자이다. 브라흐만교는 사성제도(caste)로 종교적 통치를 했다.

사마나는 종교 수행을 위해 출가한 종교단체의 수행자이다.

비구─비구니는 부처님과 함께 수행하는 남여 수행자이다.

이 게송에서 부처님의 열린 마음을 느낀다. 오늘날 불교가 남방불교─북방불교, 나라마다 종파불교가 완전한 화합인연을 이루지 못한 현실을 살피면서, 이 게송을 읽는 수행자들의 마음은 편치 않다.

인간 붓다의 가르침 담마파다

이런 사람은 실로 흔치 않다.

악행으로부터 자기를 억제하고 부끄러움을 알며,

스스로 깨쳐서 자기를 다스리니

마치 준마에게 채찍질 할 이유가 없듯이,

이런 사람에게는 더 지도할 것이 없느니라.

제144 게송

좋은 말은 몸에 채찍이 닿기만 해도 힘차게 달린다.

생명의 본성을 깨치고, 일기인생을 깨쳐서 정진하여

신심, 계행. 참회, 마음집중, 그리고 담마(正法)를

정확히 식별하는 지혜를 갖추어 수행하고 있으면

그는 한량없는 둑카(苦難)를 모두 떨쳐 버렸다.

∴ 여러 비구들이 부처님께 아뢰었다.

"삘로띠까 수행자가 자기는 깨쳐서, 아라한이 되었다고 합니다."

이렇게 남을 비방하는 소리를 들은 부처님께서는 대답했다.

"비구들이여! 그는 스스로 자기를 지도하고, 경책하고, 꾸짖고, 달래며, 열심히 수행하고 있다. 그는 옳고 그릇된 것을 판단하고, 사물의 원인과 결과를 알고 있다. 사물의 본성을 잘 알아서, 생명윤회의 근본을 깨쳤다. 그는 옛 스승의 지도를 더 받을 필요가 없다고 본다."

인간 붓다의 가르침 담마파다

농부는 물길을 내어, 논밭에 물을 대고,

화살 깃을 대는 사람은 굽은 화살을 바르게 펴며,

목수는 나무를 다루어 수레바퀴를 만들고,

덕 있는 이들은 자기 마음을 다스린다.

∴ 이 게송은 제80 게송과 같다. '덕 있는' 대신에 '지혜로운' 이들은 자기 마음을 다스린다만 다를 뿐이다. 누구나 지관수행(止觀修行)을 하면 스님과 법사들과 조사님들이 지도하고 도와준다. 수행자들이 곧 깨침을 얻어서 아라한이 되게 한다.

지관수행 : 지(止)는 일심삼매 수행, 관(觀)은 위빠사나 수행이다. 부처님께서 가르친 수행법은 止觀수행이다.

제11장

늙음은 빨리 오고
인생은 짧다

제146 게송

모두들 왜 웃고 노래 부르며 춤추고 있는가!

세상은 불타고 있는데, 어찌하여 즐거운가?

세상이 어둠으로 덮여져 앞을 볼 수 없는데,

모두들, 어찌하여 빛을 찾으려 하지 않는가?

∴ 500명의 여자들이 술에 취해서, 부처님의 수행처에 와서 춤추고 노래를 불렀다.

"그대들은 수행처에 들어오지 않았어야 하는데… 그대들은 그대들 안에 있는 탐욕과 성냄과 어리석음을 힘써 다스려야 하는데…"

부처님의 이 말씀을 듣고 여자들은 모두 수행에 정진하여 깨침을 얻은 아라한이 되었다.

제147 게송

옷으로 치장한 네 몸을 자세히 보아라.

네 몸은 피와 고름이 흐르는 덩어리요,

많은 뼈와 살코기로 뭉친 질병의 주머니요,

감각적 쾌락만을 찾아다니는 생각의 보따리,

실로 우리의 몸은 영원하지도 건강하지도 않다.

∴ 부처님의 부탁을 받은 빔비사라왕은 광고를 냈다. 천하일색이라
던 기생 시리마가 죽은 지 3일이 됐다.

광고문은 이러했다.

"누구든지 시리마와 하룻밤을 같이 자고 싶은 사람은 화대로 천 냥
을 내라."

그러나 아무도 나타나지 않았다. 다시 광고를 내면서, 화대를 오십
냥까지 내렸다. 그래도 오는 사람이 없었다.

이때, 부처님께서 말씀하였다.

"시리마의 시체를 보아라. 사람의 몸은 호흡만 멈추면 시리마와 같
이 무상한 육신이 되니, 50냥 가치도 없다."

제148 게송

사람의 몸은 세월 따라 늙는 것이다.

늙은 몸은 많은 병을 만나고 시들어 버린다.

우리의 몸이 썩어서 사라질 때,

생명은 끝났고, 죽은 시체란다.

∴ 생명의 일생은 일기생명(一期生命)이다. 한 번 태어나고 한 번 죽는다.

부처님께서 탁발을 나가서 웃따라 비구를 만났다. 웃따라는 부처님께 자기 앞으로 서시라고 권하다가 뒤로 넘어져서 머리를 크게 다쳤다. 부처님께서는 그를 가까이 가서 위로하면서 말씀드렸다.

"당신의 몸은 늙어서, 매우 불편하오. 사람은 늙으면 몸은 무너지고, 그렇게 살다가 곧 사라지게 됩니다."

제149 게송

가을 날에 떨어져 뒹구는 조롱박과 같이
퇴색한 해골들이 묘지에서 뒹구는 것을 보아라.
저런 모습이 우리가 맞이할 앞날의 우리들이다.
저 모습을 보면서 무슨 쾌락만 찾고 있단 말인가!

∴ 부처님의 수행처에 500명의 수행자들이 공동묘지에서 많은 해
골들이 뒹굴고 있는 모습을 살피면서, "우리는 아직도 깨침을 얻지
못하고 있구나!" 하면서, 인생을 비관하고 있었다.

이때 부처님께서 말씀하셨다.

"수행자들이여! 너희는 여기저기에 뒹구는 해골을 보았느냐? 그것
을 보면서도 아직 욕망과 쾌락을 바라느냐? 수행자로서 올바른 마음
자세가 아닐 것이다."이 말씀을 듣고, 500명의 수행자들은 모두가 아
라한이 되었다.

제150 게송

내 몸은 고기 살과 피로 엉켜 있고,

뼈로 짜여있는 하나의 조직체이다.

그 속에서 교만과 비방이 춤을 추고,

늙음이 함께 하다가, 결국 죽음으로 끝난다.

∴ 루빠난다(부처님의 이복 여동생)가 부처님의 대중 설법장에 참석하여, 스스로 진리를 깨치는 과정을 알린 게송이다.

루빠난다는 자기가 천하제일 미녀라고 믿었는데, 부처님 옆에서 부채질 하는 어린 소녀를 바라보면서, 그 소녀가 차츰 늙어서, 병들고, 죽는 모습을 상상하다가, 자기도 그녀와 같은 생명의 운명을 살고 있음을 깨쳤다.

여동생이 깨친 것은 부처님께서 깨친 삼법인(三法印)과 사성제(四聖諦)이다. 부처님께서 깨치시고, 가르치신 설법의 가장 기본인 교리들은 세계불교가 정도(正道)냐, 사도(邪道)냐를 판별하는 기준이 되었다. 즉, 삼법인=제법무아(諸法無我), 제행무상(諸行無常), 일체개고(一切皆苦)와 고집멸도(苦集滅道)=사성제와 연기생멸(緣起生滅)=일진법계 자력신앙 자업자득(一眞法界 自力信仰 自業自得)을 기본신앙(基本信行)으로 믿어야, 브라만교를 이기고 세운 불타불교(佛陀佛敎)와 뿌리가 같다는 것이다.

인간 붓다의 가르침 담마파다

제151 계송

화려하게 단장한 왕실의 마차도 낡아졌다.

사람의 몸과 머리도 이와 같이 늙어가는구나!

다만 담마를 수행한 업보는 없어지지 않는구나!

그러므로 담마(Dhamma=진리의 가르침)를 수행하는 것은

사람이 짓는 모든 업행(業行) 가운데 으뜸이로다.

∴ 빠세나디 왕의 사랑을 받던 말리까 왕비의 거짓말과 선행 이야기를 알리는 게송이다. 왕비는 목욕탕에서 강아지와 음행한 것을 왕에게 들켰지만, 거짓말로 아무 짓도 하지 않았다고 말했다. 그러나 후에 거짓말을 뉘우치고, 많은 선행을 하였다.

왕비가 먼저 죽자, 왕은 더 많은 선행을 했다. 그래서 왕비와 왕은 사람의 몸은 늙어서 죽지만, 부처님의 진리 법문은 영원한 것이라고 믿게 되었다.

제152 게송

세상에는 지식이나 지혜를 적게 얻은 이가 있으니

그는 나이만 늘어가는 일소와 다르지 않다.

그러한 사람들은 그저 살만 많이 쪘을 뿐

지식도 지혜도 전혀 늘어나지 않는구나.

∴ 부처님의 수행처에 항상 부적절한 말을 하는 깔루다이라는 수행자가 있었다. 그는 엉뚱한 말을 잘 한다고 부처님께 알렸더니, 부처님께서는 이렇게 말씀하셨다.

"깔루다이처럼 적은 지식밖에 없는 사람은 마치 황소와 같이 늘어만 가는구나."

즉, 공부와 수행을 열심히 더 하라는 경책의 말씀이다.

•

제153 게송

•

무시무종(無始無終)의 우주에서 생명윤회(生命輪廻)를 거듭하는

중생의 몸을 만드는 것이 무엇인지를 알려고,

많은 스승들을 찾아 다녔지만, 그 진리를 듣지 못했다.

태어나는 모든 생명은 둑카(고통-고민-고생) 속에 산다.

제154 게송

생명의 몸을 짓는 자여! 이제 그 진리를 찾았노라.

너는 이제 더 이상 둑카(아픔)를 만들지 못하리라.

이제 모든 크고 작은 고통은 사라질 것이고,

큰 고통(죽음)도 있는 것(存在)이 아니니,

깨친 이의 마음은 닙바나(열반)에 이르렀고,

모든 욕망-성냄-어리석음은 사라졌느니라.

∴ 고타마 싯다르타가 6년의 수행에서 진리를 깨치고 세상을 향해 외쳤던 붓다의 자각송(自覺頌)이다.

인간의 몸은 네 가지(四大=地水火風)로 만들어졌고, 우주만물(宇宙萬物)의 본성(本性)은 일체무아(一切無我), 일체무상(一切無常), 연기생명(緣起生滅)이니 모든 생명의 삶은 일체개고(一切皆苦)이다. 신수심법(身受心法)을 알아차려서 바르게 수행하고, 삼독(타고난 본성-貪瞋痴)을 벗어니는 탈삼독수행(脫三毒修行)을 꾸준히 정진하며, 열반(涅槃: 苦生 없는 만족한 삶)에 이르러서, 편하고 즐겁게 일기인생(一期人生)을 잘 살 수 있다.

제155 계송

부자 집 아들은 젊었을 때 청정한 생활을 하지도 않았고
재산을 모으거나, 지킬 능력을 기르지도 않았다.
물려받은 큰 재산을 모두 탕진한 지금 실의에 잠긴 모습은
마치 두 날개가 부러진 황새 한 마리가
물고기 없는 마른 못 주위를 걷는 것과 같구나.

제156 계송

부자 집 아들은 젊을 때 올바른 생활을 하지도 않았고,
재산을 모으거나, 지킬 재주를 배우지도 않았다.
길가에 힘없이 누워있는 그들의 처량한 모습은
마치 힘이 다해 땅에 떨어지는 화살과 같구나.
없어진 재산을 생각하며 탄식만 하면 무엇 하랴.

∴ 바라나시라는 도시에서 가장 재산이 많은 부호의 아들이 게으르고, 아무것도 배우지 않아서, 인생을 허송세월로 보냈다. 부처님께서 시자인 아난다에게 설명하여 가르친 게송이다.

제12장

자기 자신만은
믿어라

제157 게송

인간은 자기가 가장 소중하다는 것은 잘 안다.
그러므로 자기를 잘 보호하고 습성을 잘 가져야 한다.
사람은 세 단계(초년-중년-말년) 가운데 한 단계라도,
악행을 하지 않도록 자기를 지혜롭게 지켜야 한다.

∴ 사람은 누구나 자기가 중요하다는 것은 안다. 그러나 일생을 사는 동안, 남의 생명을 죽이거나 남의 일생을 망치게 하는 악행을 해서는 안된다. 이것이 부처님께서 강조하신 생명관 자비관(生命觀-慈悲觀)이다.

부처님께서 보디 왕자에게 자식이 없는 것을 알고, 이 게송으로 초년의 악행을 풀이해서, 왕자는 깨침을 얻고 자식을 낳아서 잘 살았다는 이야기다.

역사 속에서 전쟁을 일으킨 왕과 장수들이 많은 생명을 죽였다! 그의 후손들이 오늘날에 얼마나 고생을 하고 있는지를 우리는 눈으로 똑똑히 보면서 살고 있지 않는가!

21세기를 사는 현대인은 '前生-現生-來生'이란 단어를 '初年-中年-末年'으로 해석하여, 경전을 읽을 필요가 있다. 人生-衆生은 모두가 일기생명(一期生命)의 생명임을 깨쳐서 현생에서 선행을 많이 하여 후손들이 잘 살도록 종교적 덕행(德行)을 쌓으며 살아야 한다.

161

제158 게송

자기가 먼저 진리를 깨친 다음,

다른 사람들을 깨우치게 해야 하느니라.

지혜를 깨친 이는 다른 사람들이

비난−비방할 행위는 하지 않아야 한다.

∴ 우빠난다라는 수행자는 화술이 좋아서 설득력 있는 대중 설법을 잘 했다. 그러나 그는 말은 잘 했지만, 자신은 말한 대로 검소하거나 욕심 없는 삶을 살지 않았다. 그의 언행(言行)이 일치하지 않는다고 소문이 나자, 여러 사람들이 부처님께 이 사실을 알려서 생긴 게송이다.

부처님께서는 이렇게 말씀하셨다.

"다른 사람을 가르칠 사람은 마땅히 자기를 먼저 가르쳐야 한다. 그는 자기의 행동을 자기의 말과 같게 하려고 생활 속에서 꾸준히 노력을 해야 하느니라."

자각불교(自覺佛敎)는 불교를 자각덕행(自覺德行)이라고 가르친다. 자각은 내가 먼저 진리를 깨치자는 뜻이고, 덕행은 깨친 다음엔 반드시 남에게 베풀자는 말이다.

제159 게송

남들에게 수행을 가르치는 지도자는
자기의 가르침에 맞게 행동해야 한다.
자기를 철저하게 수련시킨 사람만이
남들을 잘 수련시킬 수 있는 법이다.
자기를 수련시키기는 참으로 어렵다.

∴ 띳사라는 수행지도자는 자기는 누어서 쉬고 잠자면서, 자기가 가르치는 수행자들에게는 밤잠도 못 자게 가혹한 참선 수행을 시켰다. 수행자들은 석 달 동안 갖은 고통을 당하다가, 띳사 지도자가 스스로는 수행을 하지 않는다는 사실을 알게 되었다. 부처님께서 이 사실을 듣고, 설하신 게송이다.

부처님께서는 이렇게 훈계하셨다.

"비구들이여, 너희들이 다른 사람을 가르치려면 먼저 자기부터 가르쳐라. 자기 수행을 올바르게 해야 한다."

제160 게송

세상에서 의지할 사람은 오직 자기뿐이다.
남을 의지처로 삼을 생각을 말라.
자기를 잘 수련시킴으로써
자기의 뜻이 이루어지리라.

∴ "비구들이여! 아라한이 되고자 하는 사람은 남을 의지할 수 없느니라. 자신을 위한 일은 오직 자신만이 할 수 있다. 자기 스스로 정진하면 뜻을 이루리라." 이 게송은 아기를 잉태한 비구니가 아들을 낳고, 그 아들이 비구가 된 모자(母子)의 수행 이야기다.

부처님께서 열반 직전 남긴 유언도 똑같다.

"나는 지금 죽으면, 다시는 세상에 돌아오지 않는다. 나에게 묻고 싶은 것이 있으면, 지금 물어라."(一期人生)

아난다가 물었다. "부처님께서 돌아가시면, 우리는 누구를 의지해야 합니까?"

부처님의 대답이다. "내가 가르친 법(진리)을 의지하고, 네 자신을 의지하라!" 그리고 마지막 숨을 거두시면서 부처님께서는 "모두들, 부지런히 수행하라!"하셨다.

제161 게송

자기가 지은 악행의 결과는 자기가 반드시 되받는다.

그 악행은 자기가 지은 것이기 때문이다.(自業自得)

누구든지 스스로 지은 악행으로 자기와 후손을 망친다.

마치 다이아몬드가 다른 보석 들을 깎아내듯이.

∴ 누구든지 초년에 지은 악행의 결과를 중년이나 말년까지 받을 수도 있고, 그렇게 되받지 않으면, 후손들이 꼭 받는다.

과거생(過去生)-현재생(現在生)-미래생(未來生)이란 말은 허상의 말이니 믿지 말라. 붓다불교의 진리 개념에서는 시간이 있다고 보지 않는다. 시간 개념은 인류 문화 생활로 만든 기준일 뿐이다.

인간 붓다의 가르침 담마파다

제162 게송

계행을 안 지키는 사람은 욕망이 넘쳐서,
마치 등나무가 미루나무에 엉켜서 올라가듯이,
수행자도 자기가 스스로 지은 악행에 엉켜 매인다.
마치 자기의 원수가 그렇게 되기를 바랐던 것처럼!

∴ 부처님의 사촌인 데와닷따는 여러 번 부처님을 해친 일이 있었
으나, 계속하여 계행을 지키지 않았다. 수행자들이 이런 사실을 서로
주고받는 토론장을 부처님께서 보시고, 말씀하신 게송이다.

제163 계송

악한 생각을 가진 사람은 자기와 남들에게
이익이 되지 않는 악행을 행하기가 쉽다.
자기와 남들에게 이익이 되는
착한 행동을 하기는 아주 어려우니라.

∴ 부처님의 사촌 데와닷따가 부처님의 제자들을 두 파로 나누려는
나쁜 행동을 보시고 말씀하신 게송이다.

제164 계송

잘난 척하는 수행자의 나쁜 생각 때문에,
아라한(고타마 부처님)의 훌륭한 가르침과
성스러운 법문을 얻어서 살고 싶은 여인을 비방하면
자기 스스로 멸망의 길을 갈 뿐이다.
대나무가 열매를 맺고 나서, 스스로 죽는 것과 같다.

∴ 소위 수행자라고 자칭하는 사람(이름은 깔라)이 순진한 여인이 부처님의 설법을 듣고 싶어 하는 것을 방해했다. 부처님께서 수행자 깔라를 꾸짖은 게송이다.

제165 게송

자기에 의해서 악행이 생기고,

자기에 의해서 스스로 타락된다.

자기에 의해서 스스로 청정해진다.

청정과 악행은 자기 개인의 몫이니,

누구도 남을 청정케 할 수는 없다.

∴ 부처님께서 기원정사에서 하신 말씀. 남자 재가 신도인 쭐라깔라에 대한 이야기다. 남의 것을 훔치지 않았는데, 헛소문으로 고민한 신도에게 바른 삶을 가르친 게송이다.

제166 게송
━━━━━━━━━

크고 작은 남의 이익들을 위한다는 이유로,

자기의 참다운 이익(깨침)을 게을리 하지 말라.

자기의 참다운 이익이 무엇인지 분명히 안다면

최선의 노력 끝에 자기 이익(깨침)을 얻으리라.

∴ 자기의 이익이 곧 남을 돕는 이익이 될 수 있다. 부처님의 가르침은 깨침을 얻는 수행은 결국 혼자서 한다는 것이다. 부처님의 가르침(佛+敎)을 알고, 따라서 수행하라고 하셨다. 부처님의 가르침은 타력신앙(他力信仰)이 아니고, 자력신앙(自力信仰)이다. 모든 사람은 자기가 바로 깨치고 수행해야 바른 불자이다. 하느님이나 귀신들에 의지함은 불교교리(佛敎敎理)가 아니다.

제13장

세상은 크고
할 일도 많다

제167 게송

수행자는 저속한 삶을 살지 말라.

부지런히 바른 길을 따라 살아라.

저속한 생각으로 삶을 살지 말라.

귀한 자기 인생을 빛나게 살아라.

∴ 젊은 수행자가 탁발(밥을 얻으려)을 하려고 마을에 나갔다가, 어린 소녀를 보면서 웃음으로 말을 걸었다. 소녀와 수행자의 대화는 거칠어졌다. 그러자 부처님께서 이 광경을 보시고, 이렇게 타일렀다.

"수행자여! 감각적 욕망에 사로잡혀 여자에게 미소를 짓는 것은 저속한 행동이다. 네가 위사카 손녀에게 한 행위는 수행자로서 옳지 않느니라."

이 젊은 수행자는 뒷날 큰 깨침을 얻었다.

제168 게송

수행자가 탁발하는 것을 게을리 하지 말라.

수행자는 올바른 담마를 바르게 실천하라.

올바른 탁발수행을 바르게 실천하면,

이 세상을 사는 동안 항상 마음이 편하리라.

제169 게송

수행자는 탁발하는 계율을 바르게 지켜야 한다.

사창가와 같은 곳에서 탁발을 하지 말라.

올바른 담마를 바르게 지키면,

일기인생(一期人生)을 사는 동안 언제나 마음이 편하리라.

∴ 이 게송은 부처님의 아버지, 숫도다나 왕이 부처님과 많은 수행자들을 까삘라왓투 왕궁으로 초청해서 식사준비를 했을 때, 부처님과 수행자들은 모두 마을로 탁발을 나갔다. 왕이 뒤를 따라가서, 부처님의 아들 나훌라에게 "이렇게 나의 마음을 모르는가? 궁에는 모두를 위한 식사가 준비되어있다"라고 말했을 때, 부처님께서 모든 수행자들에게 말씀하신 게송이다.

제170 게송

세상(存在=萬相=假有)의 모든 것이 물거품 같고,

자신의 마음도 아지랑이처럼 있다가 곧 사라진다.

나의 사는 것(業行=삶)도, 어느 누구의 삶도

그 주인이 없음(自性無我)을 깨치게 되리라.

∴ 500명의 수행자들이 비가 내린 뒤에 물거품을 보면서, 모두가
물거품이 잠시 있는 것으로 보이다가 곧 사라짐을 보았다. 五蘊(몸)도
無常하고, 自我도 아지랑이 같다(無我)는 사실을 모두가 스스로 깨친
것을 보신 후 부처님께서 하신 말씀이다.

제171 게송

어리석은 자들아, 이 세상을 바로 보아라.

마음이란 찰나생 찰나멸 하는 생각의 흐름이다.

어리석은 자들은 마음속에서 슬퍼하고 몸부림친다.

진리를 깨친 사람들은 그런 마음에 집착하지 않는다.

∴ 마가다국(당시 최강대국)의 빔비사라 왕은 아들(장군)이 전쟁에서 승리하고 돌아오자, 큰 잔치를 베풀어 주었다. 그런데, 호화로운 연회장에서 춤을 추던 여인이 졸도하여 죽고말았다. 아바야 왕자는 부처님을 찾아가서, 이 슬픈 이야기를 했다. 위 게송을 말씀하신 부처님께서는 이렇게 설법하며 위로했다.

"왕자여! 다섯 가지 쌓임인 오온(五蘊=몸)은 어리석은 사람들이 슬퍼하고 몸부림치는 곳이다. 그러나 진리를 깨친 사람은 오온에 애착하지 않는다."

제172 게송

마음집중(一心三昧)을 못하던 삼맛자나 수행자가

이제는 좌선수행을 통해서 마음집중을 잘하고 있다.

그리하여 그는 진리를 깨친 것이 확실하니,

마치 구름을 벗어난 달처럼 밝은 빛을 보일 것이다.

∴ 수행처에서 매일 빗자루로 청소만 하던 삼맛자나 수행자가 레와따 수행자의 충고를 듣고, 마음집중 수행(좌선)을 하여 아라한(깨친 이)이 되었는데, 다른 수행자들은 그가 아직 깨치지 못했다고 부처님께 아뢰었다. 그때 부처님께서는 남의 깨침을 비방하거나 인정하지 않는 것은 옳지 않다며, 설하신 게송이다. 깨침에 너무 인색할 필요가 없다. 붓다 불교와 같이 '깨침인가'를 하는 게 좋다.

제173 게송

천 명의 사람을 죽인 살인자도
진리를 깨치고 완전하고 진실한 참회수행을 하면
과거에 지은 모든 악행은 사라지느니라.
이 세상에 밝은 빛(수행의 모범)을 남겼으니,
마치 구름을 벗어난 달이 밝게 빛나는 것과 같다.

∴ 나쁜 사람의 속임수에 빠져, 천명을 죽인 수행자 앙굴리말라가 부처님의 가르침을 받고, 진정한 참회수행을 한 뒤에 죽었다. 부처님께서는 "아무리 나쁜 죄를 지었더라도, 진정한 참회를 하면, 그의 죽음은 순수한 몸으로 죽은 것이니, 과거의 죄는 모두가 없어졌다"고 말씀하셨다.

제174 게송

세상에 사는 사람들은 먼 앞날을 보지 못한다.
오직 몇 사람만이 진리를 깨쳐 현실을 바로 본다.
마치 몇 마리 새만이 그물에 걸리지 않고 살아가듯이,
적은 수의 사람만이 진리를 깨쳐서, 열반을 누리고 산다.

∴ 이 게송은 부처님께서 알라위국의 한 마을에서 공양을 받고, 대중 앞에서 어느 소녀와 나눈 대화를 다시 설명한 것이다.

제175 게송

백조가 순식간에 허공을 날아서 사라지듯이,
수행자들은 깨침을 얻고 나서, 순식간에 사라졌다.
그들과 같이 진리를 깨친 수행자들은 악행도 물리치고,
삶의 고통과 어려움도 순식간에 벗어났도다.

∴ 30명의 수행자들이 부처님을 찾아와서 깨침의 가르침을 받고, 즉시 모두가 진리를 깨쳤다. 이 수행자들은 하나같이 기쁨의 법열을 느끼고, 순식간에 사라졌다. 이 사실을 부처님께서 게송으로 지어 시자인 아난다에게 하신 말씀이다.

제176 게송

세상에는 거짓말을 지어서 하는 사람이 있다.
자기가 지은 악업은 자기와 후손들에게
고통과 불행으로 반드시 나타날 것이다.
자업자득(自業自得)이란 삶의 진리를 모르는 사람은
어떤 악행도 못할 것이 없느니라.

∴ 부처님께서 진리를 깨치고 인기가 높아져서 많은 사람들이 부처님의 수행처로 몰리게 되자, 나간타 나체 수행자들은 불교 승단을 수치스럽게 만들려고 찐짜마나위 여인에게 이런 요구를 했다. "고따마 수행자를 가까이 해서 임신을 했다고 소문을 퍼트리라. 그러면 고따마의 수행처에 사람들이 몰리지 않을 것이다."

찐짜마나위는 9달 동안, 고따마 수행처를 아침 저녁으로 왕래하면서, 아기를 가진 것으로 몸을 만들고, 부처님 수행처에 나와서 이렇게 말했다.

"고따마 사문이여, 당신은 나에게 아기를 만들어 놓고도 아무런 조치도 하지 않고 좋은 말만 하고 있구려!"

이때, 수행자들이 찐짜마나위의 가장한 몸을 벗기고 나니, 거짓이 탄로가 나고 말았다. 이 사실을 들은 부처님께서 말씀하신 게송이다.

제177 게송

마음이 인색한 사람은 복덕을 받지 못하나니,

어리석은 사람은 남의 베풂을 보고 기뻐하지 않는다.

지혜로운 사람은 남의 베풂을 보고 기뻐하나니,

지혜로운 사람은 자기와 후손들이 큰 공덕을 받는다.

∴ 부처님의 이웃 나라인 꼬살라국의 왕 빠세나디와 왕비는 부처님께서 자기 나라에 오신 것을 환영하는 큰 잔치를 열었다. 백성들도 경쟁이나 하듯이, 더 큰 잔치를 베풀었다.

이 광경을 본 두 장관들이 서로 다른 생각을 했다. 한 장관은 부처님을 즐겁게 했으니 공덕이 클 것이라고 했고, 다른 장관은 왕과 백성들이 공양에 쏟아 부은 돈은 낭비라고 생각했다. 이 두 가지 상반된 반응을 부처님께서 알아차리시고, 이날의 대중법문을 아주 짧게 하고 떠났다.

왕이 뒤를 따라가서, "왜 법문을 짧게 하십니까?" 하고 물었을 때, 부처님께서 대답하신 게송이다.

이 세상을 지배하는 왕이 되는 것보다도,

죽어서 하늘나라에 태어나는 것보다도,

우주자연을 지배하는 사람보다도,

붓다의 가르침을 바르게 깨치는 것이 더 좋다.

∴ 부처님의 가르침을 바르게 믿는 사람은 부처님 가르침의 글이
나 말을 외우는 것보다는, 부처님 가르침의 뜻을 알아 챙기고 그 뜻
에 따라서 수행–실행하고 사는 것이 부처님 제자로서 인생을 잘 사
는 길이다.

제14장

깨치면 생명을
존중한다

제179 게송

나는 진리를 깨치고 완전한 자유인이 되었다.

나의 마음을 다시 정복할 것은 아무것도 없다.

이 세상에서 집착과 번뇌를 정복하지 못한 자는

그 누구도 나의 마음을 돌릴 수 없다.

나는 자취도 남기지 않고 세상을 돌면서 덕행을 하는데,

너는 나의 마음을 어디로 인도하겠다는 것인가!

제180 게송

나는 일체의 애착을 벗어버린 사람이다.

어떤 집착과 욕망도 나의 마음을 이끌어 갈 수 없다.

나는 마음도 없고, 삶의 자취도 남기지 않는다.

너는 나를 어디로 인도하겠다는 것인가!

인간 붓다의 가르침 담마파다

∴ 이 게송은 배화교(拜火敎)를 믿는 마가디야란 사람이 자기의 예쁜 딸을 부처님과 결혼을 시키려고 청혼을 했던 상황에서, 부처님께서 예쁘다는 말을 오온무아(五蘊無我) 즉, "인간의 몸은 똥과 오줌과 피를 가죽으로 덮은 것인데, 무엇이 그렇게 예쁘다는 것이냐?" 하고 꾸짖은 말이다. 이 게송을 듣고 마가디야는 곧 깨쳐서 불교의 수행자가 되었다.

제181 게송

지혜로운 사람은 꾸준히 좌선수행에 정진하여,

一心三昧(無心無我)를 즐기면서, 세상의 번뇌를 벗어난다.

이런 수행자는 마음이 청정하고 진리를 깨친 수행자이다.

진리를 깨친 수행자는 모든 중생들의 존경을 받는다.

∴ 사리불이 우기에 부처님과 떨어져 있다가 우기가 끝나고 만나 존경심을 표시하면서 정다운 대담을 나눌 때, 부처님께서 깨침의 중요성을 위의 게송으로 말씀해주셨다. 일심삼매(一心三昧)는 무아(無我) 무심(無心)의 상태에서 성취된다.

법구경

제182 게송

어려운 것은 사람으로 태어남이요,

어려운 것은 생명을 바르게 지킴이요,

어려운 것은 부처님의 正法을 만남이요,

어려운 것은 바른 佛法을 알아 챙김이요,

어려운 것은 불법을 깨쳐서, 널리 베풂이다.

∴ '웃따라'라는 젊은이가 통치자에 대해 말했다.

"여섯 가지 감각기관(六根)을 잘 다스리는 자. 삼독(탐욕-성냄-무지)을 완전히 벗어난 해탈자, 세상의 쾌락으로부터 벗어난 완전한 자유인. 이런 사람을 훌륭한 통치자라고 합니다."

부처님의 설법을 듣고 속제(俗諦)를 깨친 웃따라를 칭찬한 붓다의 게송이다.

인간 붓다의 가르침 담마파다

제183 게송

악한 언행을 하지 말고
착한 공덕을 열심히 쌓고
자신의 마음을 깨끗하게 하라.
이것들이 불교의 기본 가르침이다.

●

제184 게송

●

고통을 참는 데는 인욕수행이 제일이다.
해탈 열반은 불교 최상의 경지이다.
수행자는 남을 비판하거나 비방하지 말라.
남을 해치거나 괴롭히면 수행자가 아니다.

제185 게송

생명을 해치거나, 욕설을 하지 말라.
계율을 잘 지키고, 자기를 자제하라.
음식을 탐내지 말고, 조용히 지내라.
제일 높은 사선정에 자주 머물러라.
이것들이 불교의 수행 가르침이다.

제186 게송

하늘에서 황금이 쏟아진다 해도
인간의 욕망을 만족시킬 수 없다.
물질적 재물은 고통을 줄 뿐이다.
지혜로운 사람은 잘 아는 사실이다.

제187 게송

한 나라의 왕이 누리는 쾌락이라도
지혜를 깨친 수행자는 탐내지 않는다.
내 몸의 육체적 쾌락이 사라졌을 때,
붓다의 제자들은 큰 기쁨을 느낀다.

∴ 한 수행자가 '아버지가 재산을 남기고 죽었다'는 소식을 듣고 수
행생활을 떠나고 싶다는 말을 했을 때, 부처님께서 "인생에는 만족이
없다"고 가르친 게송이다.

제188 게송

삶에 어려움이 생길 때, 사람들은 산에 가서
큰 나무나 큰 바위를 의지처로 삼으려 한다.

인간 붓다의 가르침 담마파다

제189 계송

그런 것들은 온전한 의지처가 아니다.
의지처로 삼아도 삶의 고통에서 벗어나지 못한다.

제190 계송

붓다와 담마(진리)와 자기자신을 의지처로 삼아야
올바른 지혜로서 네 가지 성스러운 진리를 만난다.

제191 계송

고통을 느끼는 진리, 고통의 원인인 진리.
고통을 없애는 진리, 고통을 없애는 수행진리가 있다.

제192 게송

사성제(苦集滅道)야말로 완전한 의지처이다.

四聖諦를 의지처로 삼고, 脫三毒수행을 할 때

비로소 사람은 모든 고통으로부터 벗어나리라.

∴ 배화교를 믿는 악기땃따와 부처님 제자 목건련 존자는 종교교리 다툼을 했다. 악기땃따는 중생들이 어려움을 당했을 때 산으로 가서 큰 나무나 큰 바위에 기도하면 구원을 받는다고 주장했다.

이런 다툼이 있다는 말을 듣고 부처님께서 악기땃따에게 "그런 것들은 온전한 의지처가 될 수 없다. 삼보(三寶: 佛法僧 즉, 부처님−진리교리−깨친 수행자)가 의지처다"라고 가르쳤다. 이 말씀을 듣고 악기땃따와 제자들은 깨쳤다.

제193 게송

정각자(正覺者)는 가문(家門)따라 태어나지 않는다.

바른 깨침을 얻고 싶은 사람은 깨친 스승을 만나서,

부지런히 깨침수행을 하면 정각자가 되느니라.

한 성자가 태어난 가문은 편안하게 잘 살 것이다.

∴ 시자인 아난다가 부처님께 사람의 종족—가문에 대해 물었다.

"자연에 사는 동물들은 순수한 종이 계속 태어난다고 들었는데, 왜,

사람의 경우는 정각자의 가문에서, 정각자가 태어나지 않습니까?"

부처님께서는 이 질문을 받고, "정각자인 성자는 가문에서 태어나

지 않는다"고 설명했다. 부지런히 깨침수행(自覺德行)을 하면 누구나

정각자가 된다는 게송이다.

제194 게송

복덕은 붓다께서 세상에 나타남이요,

복덕은 으뜸가는 진리를 깨침이요,

복덕은 수행자들이 화합함이요,

복덕은 세 가지가 이루어짐이다.

∴ 500명의 아라한들이 모여서 복덕을 토론했다.

부처님께서는 토론은 진정한 복덕이 아니라고 말씀하셨다. 참된 복덕은 세상에 사는 사람들이 붓다(깨친 이)를 만남이다. 큰 복덕은 진리 깨침수행이다. 가장 큰 복덕은 수행자들이 화합하여, 붓다께서 가르친 진리를 널리 알림(布敎)이다.

제195 게송

존경할 만한 대상을 찾아서 경배하여라.

경배의 대상은 붓다와 붓다의 제자들이다.

삼독(三毒)을 벗어나서 고통을 다스린 이들.

진리를 깨치고 열반의 삶을 살고 있는 이들이다.

인간 붓다의 가르침 담마파다

바른 경배의 대상을 찾아서 예배를 드리는 것이 좋다.

넙바나(열반)를 얻어서 모든 번뇌를 벗어난 분을 찾아

공경하고 예배드리는 사람은 한량없는 복덕을 얻나니,

이러한 예배의 복덕은 비교할 것이 없는 선행이니라.

∴ 부처님께서 바라나시 마을로 여행을 하시다가, 쟁기로 논을 갈고 있는 브라흐만 농부를 만났다. 농부는 신당(神堂)에 공손히 경배하고 있었다.

이때, 부처님께서 "농부에게 경배하는 것은 좋으나, 아무에게나 하는 것은 좋지 않다. 경배의 대상은 불타, 연각자, 독각자(佛陀, 緣覺者, 獨覺者), 붓다의 제자들이다."라고 말씀하셨다.

농부는 이 가르침을 듣고, 깨친 수행자가 되었다.

제15장

만족으로
사는 인생

제197 게송

우리들은 진정한 자유를 누리고 살자.

증오 속에서도 증오를 일으키지 말고,

미워해야 할 사람이 생겨도 미움을 버리고

우리들은 자유롭고, 편안하게 살아가자

제198 게송

우리들은 진정한 평화를 누리고 살자.

질병 속에서도 질병에 걸리지 않고,

병자들 속에서도 병들지 아니하고,

우리들은 건강하고, 평화롭게 살자.

인간 붓다의 가르침 담마파다

제199 게송

우리들은 진정한 만족을 누리고 살자.

쾌락에 물든 환경에서도 물들지 말고,

쾌락을 즐기는 사람들도 따르지 말고,

우리는 자유—평화—만족을 누리고 살자.

∴ 부처님께서 살던 까삘라왓투의 석가족 사람들과 부처님의 외가쪽 사람들이 사는 꼴리야의 사람들이 가뭄이 들자, 중간에 흐르는 강물을 자기 논으로 끌어가려고 싸움이 벌어졌다. 이때, 부처님께서 오셔서 두 종족의 싸움을 말리는 게송을 말씀하셨다. 이에 모두가 깨침을 얻은 수행자가 되었다.

제200 게송

우리는 착한 마음으로 편안하게 살아가자.

아무런 근심 걱정 없이, 가진 것도 없이,

기쁨과 만족한 마음으로 탁발을 대신하여,

아바싸라 브라흐마(光音天使)처럼 편하게 살자.

∴ 부처님께서 빤짜사라 마을에 가서 500명의 처녀들을 가르칠 생각을 하셨다. 아침 탁발(공양)을 받고자 마을에 갔을 때, 한 마라(나쁜 사람)가 부처님을 조롱하기 위해서 처녀들을 다른 곳으로 보내어 탁발을 하지 못했다.

하지만, 부처님께서는 그 마라에게 편안하고 즐겁게 살자고 말씀하셨다. 500명의 처녀들은 부처님의 가르침을 받고, 모두가 깨달았다.

제201 게송

승리자는 원수를 만든다.

패배자는 고통 속에서 산다.

승리도 패배도 모두를 버리자.

평화롭고, 편안하게, 살아가자!

승리도 사라지고, 패배도 없다.

오직 수행을 통해 기쁨으로 살자.

∴ 부처님께서 살았던 시대에 가장 큰 나라는 마가다국이다. 마가다국의 빔비사라 왕은 부처님께서 불교 포교를 시작했을 때, 친히 수행하는 부처님을 찾아가서, "귀하신 깨친 이여! 천하의 평화를 위해 중생을 가르쳐 주세요"라고 인사했다. 왕은 재임 중에 가장 많이 부처님을 도와주신 왕이다.

그러나 그의 아들인 아자따삿따(Ajatasatta)는 아버지를 감옥에 가두어 굶겨 죽였다. 아들은 외삼촌인 꼬살라 국왕과 전쟁을 하여 승리했다. 패전한 외삼촌 꼬살라 국왕도 스스로 굶어서 죽었다.

이 소식을 들은 부처님께서 위 게송으로 중생들을 가르쳤다.

제202 게송

욕심보다 더 무서운 불꽃은 없다.

성냄과 미움보다 더 나쁜 악행은 없다.

내 몸과 마음보다 더 괴로운 고생은 없다.

닙바나(열반)보다 더 편안한 복덕은 없다.

∴ 부처님께서 신랑-신부가 결혼하는 곳에 갔을 때의 일이다. 신부는 부처님과 제자들에게 정성을 다해서 음식을 대접하였는데, 신랑은 신부가 손님들께 공양하는 모습만 바라보고 있었다. 이때 부처님께서 신랑의 마음자리를 알아차리시고 신랑에게 위 게송으로 가르쳐서, 신랑과 신부는 깨침을 얻게 되었다.

제203 게송

배가 고픈 것은 으뜸가는 고통이다.
으뜸인 고통은 몸과 마음의 아픔이다.
깨친 사람은 이러한 지혜를 잘 안다.
그래서 으뜸가는 열반을 얻어야 한다.
열반의 삶은 몸과 마음이 편안하다.

∴ 어느 날 부처님께서는 영감을 통해서 멀리 사는 한 가난한 농부가 깨침을 얻을 때가 된 것을 알았다. 그래서 수십 리를 제자들과 함께 걸어서, 그 농부를 찾아갔다. 부처님께서 오신다는 소식을 들은 그 농부는 부처님을 만나고 싶었으나, 새벽에 큰 재산인 소가 집을 나가고 없어졌다. 농부는 먼저 소를 찾으려고 넓은 들을 돌아다니다 잃은 소를 찾아서 집으로 왔다.

부처님께서는 마을 사람들이 많이 모였으나, 그 농부가 올 때까지 기다렸다가, 가난한 농부가 아침 식사를 마칠 때까지 또 기다렸다. 함께 갔던 제자들은 왜 부처님께서 한 농부가 식사를 마칠 때까지 기다렸는지를 물었다. 부처님의 대답이 위의 게송이었다.

이날 부처님의 가르침은 첫째, 계율을 지켜라. 둘째, 보시공덕을 행하라. 셋째, 좌선수행을 하라. 넷째, 사성제(四聖諦 : 苦集滅道)를 깨쳐라 하는 것이다. 이것이 열반을 얻는 길이다.

제204 게송

건강은 으뜸가는 축복이다.
만족은 으뜸가는 재산이다.
수행 도반은 으뜸가는 친구이다.
닙바나(열반)는 으뜸가는 삶이다.

∴ 꼬살라 국왕 빠세나디는 대식가(大食家)였다. 부처님의 설법을 들을 때마다, 몸을 흔들거리면서 졸고 있었다. 부처님께서는 식사량을 조금씩 줄이라고 권했다. 이때 부처님께서 하신 말씀이 바로 위의 게송이다.

국왕은 이 가르침을 듣고 실천하여 체중이 줄고, 설법을 들으면서도 졸지 않게 되고, 건강이 좋아졌다.

제205 게송

속제 세상을 떠나 고요함을 누리며,
마음의 평안인 열반을 체험한 사람은
모든 공포와 불안에서 벗어났느니라.
수행생활은 자유-평화-만족의 삶이다.
수행이란 담마(진리)를 깨치는 삶이다.
수행이란 중생에게 베푸는 삶이다.

∴ 불교의 진리를 깨친 띳사라와 수행자들을 격려하면서, 말씀하신 게송이다.

제206 게송

지혜 높은 수행자를 만남은 좋은 일이다.

진리를 깨친 이와 함께 살면 편안하다.

어리석은 사람과 살면 가르쳐야 한다.

덕행을 베푸는 것도 또한 좋은 일이다.

제207 게송

어리석은 사람과 함께 길을 가기란
쉬운 일도 아니고, 괴로운 일이다.
어리석은 자들과 사귀면 고생이다.
지혜로운 사람들과 사귀면 즐겁다.

제208 게송

지혜롭고, 학식이 많고, 어질고,
결심이 굳은 수행자들을 따르라.
성직자들을 따라 벗을 삼는 것은
달과 별이 함께 있는 것과 같다.

∴ 이 게송은 부처님께서 열반에 들기 직전, 설사 병이 심해서 괴로
운 날을 보내면서 함께 있던 제자들에게 중생들과 함께 어울려 사는
지혜를 가르친 게송이다.

제16장

애착은
수행의 적이다

제209 게송

깨침수행을 하는 수행자는

수행 규칙을 잘 따라야 한다.

깨침이라는 수행목표를 잊지 말고.

남이 깨침을 얻어도 탐내지 않아야 한다.

제210 게송

수행자는 사랑하는 사람과 함께 있지 말라.

사랑하지 않는 사람들과 사귀지를 말라.

사랑하는 사람을 못 만나는 것은 고통이다.

사랑하지 않는 사람을 만나는 것도 고통이다.

제211 게송

수행자는 아무에게도 애착하지 말라.
애착하는 사람이 생기면 아픔이 생긴다.
애착도 미움도 갖지 않는 수행자에게는
아무런 괴로움과 고통이 생기지 않는다.

∴ 이 게송은 한 가정의 부모와 아들 세 사람이 한 수행처에 들어와
서 한 방에 자면서 수행하는 것을 보신 부처님께서 수행규칙을 정해
가르치신 것이다.

제212 게송

애착–집착 때문에 슬픔이 생긴다.
애정–사랑 때문에 공포가 생긴다.
애착–애정–사랑을 벗어난 수행자는
슬픔과 공포가 생기지 않을 것이다.

∴ 어느 마을의 한 부자가 하나뿐인 아들이 죽자, 아버지는 매일 아들의 묘를 찾아가서 슬픔에 빠졌고, 온 가족들은 슬픔과 두려움의 삶을 살았다. 이 소식을 듣고, 부처님께서 한 제자와 함께 그 부자 집을 찾아가서, "죽음에 대해 말하자면 모든 생명이 한 번 나고, 한 번 죽는다"는 가르침을 설한 게송이다.

제213 게송

자식을 귀여워하면 슬픔이 일어나고,
자손의 죽음을 보면 두려움이 생긴다.
슬픔과 두려움은 애정 때문에 생긴다.
슬픔과 두려움을 벗어난 수행자에게는
슬픔도 두려움도 일어나지 않을 것이다.

인간 붓다의 가르침 담마파다

∴   이 게송은 위사카라는 할머니가 손녀의 죽음으로 슬픔을 참지 못하여 부처님을 찾아 갔을 때 설하신 게송이다. 부처님께서는 화장 터에서는 매일 수 십 명의 시체를 태우고 있는 이야기를 해주신다.

"죽음은 두려움이나 슬픔의 대상이 아니다. 모든 시체가 할머니의 손자−손녀라고 생각해 보라. 슬픔과 두려움은 애정 때문이니, 애정 을 벗어난 수행자는 죽음을 슬퍼하지 않는다."

제214 게송

애착 때문에 슬픔이 생겨나고
집착 때문에 두려움이 일어난다.
애착으로부터 벗어난 수행자에게는
슬픔도 두려움도 생겨나지 않는다.

∴   릭차위 왕자들이 화려한 축제에 참가하여 몸을 파는 여자들을 서로 차지하려고 언쟁을 부리다가, 드디어 싸움판이 벌어졌다. 싸움 으로 피를 흘리고, 병원으로 가기도 했다. 이 광경을 본 부처님께서 수행자들에게 말씀하셨다.

"비구들이여! 감각적인 쾌락을 즐기려는 마음과 애정−집착 때문에 슬픔과 두려움이 생긴 것이다."

제215 게송

애착과 갈애는 슬픔을 일으키고,
애착과 갈망은 두려움을 낳는다.
애착과 갈망에서 벗어난 수행자는
슬픔도 두려움도 생기지 않는다.

∴ 아닛티간다라는 젊은이는 결혼할 여인이 갑자기 죽자, 슬픔에
잠겼다. 이 소식을 들은 부처님께서는 그를 찾아가서, 아닛티간다에
게 위 게송을 설해주시면서 그를 위로했다. 아닛티간다는 부처님의
가르침을 따라 수행하여 성자가 됐다.

제216 게송

욕심은 슬픔을 낳고,
탐욕은 두려움을 낳는다.
욕망을 벗어난 수행자는 슬픔이 없나니,
두렵고 슬픈 마음은 결코 생기지 않는다.

215

∴ 브라만교를 믿는 한 농부가 살았다. 그 농부가 곧 불교정법의 깨침을 얻을 것이라고 부처님께서 아시고, 그 농부를 자주 찾아갔다.

그 농부는 감사한 마음으로 부처님께 올해 벼농사를 거두면, 부처님께 수확한 쌀을 제일 먼저 드리겠다고 약속하였다.

그러나 추수를 하려는 전날, 소낙비가 많이 와서 벼가 모두 물에 씻겨서, 강으로 떠내려가고 말았다. 이 농부는 부처님을 찾아와서 약속을 못 지켜서 죄송하다고 했다. 이때, 부처님께서는 농부의 슬픈 마음을 알았다. 농부의 슬픈 마음의 원인이 욕망이라고 가르친 게송이다.

제217 게송

계행과 위빠사나 수행을 닦으며.
사성제(고집멸도)를 깨치고
계·정·혜 율법을 잘 지키는 수행자는
모든 사람들로부터 존경을 받느니라.

∴ 부처님과 제자들이 이 마을 저 마을로 탁발을 가던 길에서, 빵 바구니를 들고 가는 500명의 젊은이들을 만났다. 그들이 가섭 존자를 만나자, 존경의 인사를 하고 빵 바구니를 전하였다. 그때, 부처님께서는 수행을 잘 하면 모르는 사람들도 존경을 한다는 게송을 설하셨다.

제218 게송

너희들의 스승은 죽었지만,
그는 감각의 경지를 벗어났고,
집착의 경지도 벗어났으니,
아라한과(果)를 얻은 것과 같으니라.

∴ 많은 제자들을 가르친 한 스승이 있었다. 제자들은 자기들의 스승이 어느 도과(道果)에 이르렀는지를 물었다. 스승은 죽을 때까지, 자기가 어느 수행경지에 이르렀다고 말하지 않았다. 이 소식을 듣고 부처님께서는 이렇게 말씀하셨다.

"너희들의 스승은 열반의 경지를 누리지 못하고 죽었지만, 해탈열반(아라한果)에 이른 것과 같다"고 알려주었다.

이 게송을 들은 스승의 제자들은 모두 열반을 이루었다.

제219 게송

고향에 살던 사람이 집을 떠났다가 돌아오면,
마을 사람들은 돌아온 사람을 반갑게 맞이한다.
세상 어느 곳이든, 고향 사람을 사랑하고
즐겁게 살기를 좋아한다.

제220 게송

누구나 사는 동안 남을 위해서 착한 일을 하면,
그는 죽어도 그 공덕은 후손들에게 꼭 되돌아온다.
복은 공짜가 아니라, 지은 공덕이 돌아온 것이다.
고향을 떠났던 사람이 다시 고향에 돌아오듯이
내가 지은 공덕은 나와 후손들에게 돌아온다.

∴ 인도의 바라나시라는 곳에 살았던 난디야는 부자였다. 그는 부
처님과 수행자들을 위해서 수도원을 지어주었다. 난디야의 후손들은
그가 세운 공덕으로 많은 복을 받고, 자손이 많아지고 큰 가문을 이
루어 잘 살았다는 게송이다.

제17장

화를 내면
마음을 해친다

제221 게송

감정을 억제하고, 화를 내지 말라.

성을 내면 바른 길을 찾지 못한다.

마음의 애착과 집착에서 벗어나라.

애착과 집착을 벗어나면 아픔은 없다.

∴ 중생은 몸 속에 조상들의 유전자를 받아서 태어난다. 유전자에는 수 없이 많은 조상들의 업행(業行)과 지혜의 인자(因子)가 있다. 이를 옛날 불교 경전에서는 '나의 전생의 업장(業藏)'이라고 말한다. 물론 좋은 지혜도 있지만, 나쁜 지혜도 많이 있다. 지금 나는 좋은 업행을 닦아서 후손들에게 물려주어야 한다.

위 게송은 부처님께서 문둥병에 걸린 로히니 공주에게 가르친 인과(因果)의 설법을 설하신 게송이다. (善業善果-惡業惡果)

큰 길에서 달리는 마차의 속도를 잘 조절하는 마부처럼
마음에 성냄이 일어났을 때 그것을 잘 다스리는 사람을
나는 훌륭한 마부와 같다고 생각한다.
보통 마부들은 단지 말의 고삐만 쥐고 따라갈 뿐이다.

∴ 루카데와따라는 여인은 나무 위에 살고 있었다. 어느 수행자가 와서 나무를 자르려 하자, 이를 저지하였다. 그때 수행자의 도끼에 맞아서 여인의 아들은 팔이 잘리고 말았다. 화가 난 여인은 그 수행자를 죽이고 싶은 마음이 생겼다. 여인은 그 수행자의 스승인 부처님을 찾아가서 자초지정을 말씀드렸다. 이때 부처님께서는 이 여인을 위로하며 "루카데와따여! 너는 자신을 잘 다스리는구나" 하신 게송이다. 그 후, 여인은 깨침을 얻어서 성인이 되었다.

제223 게송

성냄을 막는 길은 겸손과 자비심이다.
악행을 막는 길은 선행과 지혜이다.
인색한 마음을 막는 길은 관용과 베풂이다.
거짓말을 막는 길은 진실을 가르침이다.

∴ 여자 신도인 웃따라는 가난한 농부의 아내였다. 부처님의 제자
인 사리불 존자에게 음식 공양을 정성껏 해서, 부처님의 칭찬을 이
게송으로 들었다. 이 가르침을 받은 웃따라와 그 동네 사람 500명은
모두가 깨쳐서 성인이 되었다.

제224 게송

누구나 항상 진실을 말해야 한다.
누구나 성을 자주 내면 안된다.
적은 것이라도 찾는 사람에게 베풀어라.
이와 같이 하찮은 일이라도 정성껏 행하면.
그런 사람은 모두 해탈-열반의 삶을 살리라.

인간 붓다의 가르침 담마파다

∴ 부처님께서 목건련 제자에게 하신 게송이다. 목건련은 수행을 잘 닦은 사람들에게서 들은 이야기를 부처님께 아뢰었고, 부처님께서는 위의 게송으로 다시 확인해 준 것이다. 착한 일, 정직한 말, 적은 베풂이라도 누구에게나 부지런히 베푸는 게 덕행(德行)이다.

제225 게송

중생을 항상 자비심으로 대하는 성자와
항상 자기 행동을 잘 다스리는 수행자는
태어남과 죽음이 일생의 과정임을 안다.
열반을 누리면 슬픔과 괴로움이 없다.

∴ 한 늙은 브라만교 신도가 부처님을 보고, 부처님께서는 우리 부부의 맞아들이라고 하였다. 이때 부처님께서는 수행 중에 몸이 나빠서 요양하고 계실 때였다. 부처님께서는 석 달 동안 이 집에 계시면서, 노부부에게 진리의 가르침을 설해 주었더니, 그들은 깨침을 얻어 열반의 삶을 누렸다.

제226 게송

수행으로 깨침을 얻고자 하는 사람은 누구나
지관(止觀)수행으로 마음이 깨어있어야 한다.
계정혜 삼학(戒定慧 三學)을 배우고 정진하면
마음과 신행(信行)에서 모든 번뇌망상이 사라진다.

∴ 부처님께서 노예생활을 하는 뿐나를 만나서 그녀가 깨침의 열반을 얻게 했던 게송이다. 뿐나는 방아를 찌으면서 사는 노예였다. 늦게 귀가하면서 수행자들이 그 시간에 그녀가 수행처로 가는 것을 보고 의심했다. 그녀는 부처님을 위해서 싸래기로 떡을 만들어 공양했다. 부처님께서는 그의 고마운 마음을 알고, 이렇게 가르쳤다.

"뿐나야! 열심히 일하는 사람이나 수행하는 비구들은 잠을 너무 많이 자면, 열심히 사는 게 아니란다. 누구나 자기가 할 일을 열심히 해야 한다. 그러면, 수행자는 깨치고, 일하는 사람은 잘 살 수 있다."

제227 게송

아뚤라야! 남을 비방하는 일은 나쁘다.
옛날부터 그런 일은 흔히 있었다.
침묵한다고, 말을 많이 한다고,
말을 적게 한다고 비방하지 말라.
사람들은 이래도 저래도 비방하느니라.

제228 게송

수행자도 칭찬만 받거나, 비방만 받을 수 없다.
옛날에도 그러했고, 앞으로도 그러하리라.

제229 게송

지식이 많고 지혜가 깊고 계행을 수행하는 사람은
남을 함부로 비방-비평하지 않는다.
어질고 현명한 사람은 남의 허물을 말하기 전에
그 사람을 깊이 알려고 노력한 뒤에 항상 칭찬한다.

현명한 사람은 '히말라야 산에서 나는 황금'처럼

순수하고 맑아서 티 한 점 없으니 어찌 비방하랴?

깨친 이들도 모든 신도들도 그를 칭찬만 하였노라.

∴ 　재가 신도 아뚤라와 500명의 수행자는 불법을 듣고자, 레와따 수행자를 찾아갔다. 그는 침묵하였다.

사리뿟따 수행자를 찾아갔을 때, 그는 장광설로 설법했다.

아난다 수행자를 찾아갔을 때는, 간단히 요점만 설했다.

이런 설법에 불만을 느낀 아뚤라와 친구들은 부처님을 찾아가서 위의 수행자들의 설법에 불만을 품고 그들을 비방하였다.

이에 부처님께서는 "진실한 불자는 남을 비방하지 않는다"는 게송을 설했다.

제231 게송

성날 때 몸을 잘 다스리라.
항상 자기 몸을 잘 살펴라.
사악한 행동들을 하지 말라.
선량한 행동만을 실천하라.

제232 게송

성내는 습관을 자제하라.
말하는 태도를 조심하라.
사악한 언어를 쓰지 말라.
선량한 언어를 많이 하라.

제233 게송

성내는 생각을 자제하라.

자신의 생각을 억제하라.

사악한 생각을 하지 말라.

선량한 생각을 개발 하라.

제234 게송

수행자는 자신의 행동을 다스리고,

수행자는 자신의 언어를 다스리고,

수행자는 자신의 마음을 다스리니,

수행자는 자신을 완전히 다스린다.

∴ 부처님께서 계시던 수행처에 여섯 비구들이 나막신을 신고 요란한 소리를 내면서 걸었다. 이때 시자인 아난다가 부처님께 아뢰었다. 이에 부처님께서는 "수행처에서는 나막신을 신지 말라"고 하셨다. 또한 수행자는 "언어와 행동을 잘 다스리라"고도 하셨다.

제18장

더러움은
욕심-번뇌-망상이다

제235 게송

사람은 누구나 늙어간다.

죽음이란 것은 모두에게 다가온다.

사람은 누구나 먼 앞날을 향해 살고 있다.

그러나 사람들은 앞날을 위한 준비는 잘 안 한다.

제236 게송

세상에서 믿을 것은 네 자신뿐이다.

수행을 열심히 하여 지혜를 깨치게 하여라.

마음을 깨끗이 하여 모든 번뇌를 벗어나라.

그러면, 성인들이 사는 세상을 살 수 있을 것이다.

인간 붓다의 가르침 담마파다

제237 게송

늙음은 너무나 빨리 찾아온다.
멀지 않아서, 이 세상을 떠나야 한다.
늙음과 죽음은 아무도 피할 길이 없다.
그러나 너희들은 아직 아무런 준비가 안 되었다.

제238 게송

자기의 앞날은 자기가 준비해야 한다.

지금 있는 힘을 다하여, 자비와 지혜를 얻으라.

몸과 마음을 깨끗이 하면 번뇌 망상은 사라진다.

그러면 늙어도 깨끗한 삶을 살 수 있다.

∴ 사왓티 성에서 50년 동안, 푸줏간을 하던 주인의 아들에게 부처님께서 가르친 게송이다.

"여래의 제자들이여! 너희는 점차 늙어 가고 있다. 너희는 젊었을 때 후손을 위하여 공덕을 쌓아라. 지금부터, 열심히 후손들을 위해 복덕을 쌓으면 네 가문은 번성하고, 편안하고, 만족하게 살 것이다."

제239 게송

바른 길을 따라 꾸준히 조금씩

한 순간 그리고 또 한 순간을

깨친 이는 자기의 번뇌 망상을 없애나니

금 세공자가 금덩어리의 찌꺼기를 없애듯이.

인간 붓다의 가르침 담마파다

∴ 부처님께서 기원정사에 계실 때, 한 브라흐만과 관련해 설한 말씀이다.

"브라흐만이여, 현명한 사람은 공덕을 짓되 조금씩 점차적으로 꾸준히 마음에 있는 더러움과 번뇌 망상을 없애느니라."

제240 계송

강철로 만든 쇠기둥에서 생긴 녹은
시간이 흐르면 그 기둥을 허물어버린다.
사람은 자기가 범한 악행으로 자기를 망친다.
신도들이 공양하는 시주물에 집착하지 말라.
수행자가 사람이나 물질에 마음을 집착하면
진리의 깨침도, 덕행의 베풂도 할 수 없다.

∴ 띳사라는 수행자가 있었다. 그는 가사(수행복)에 애착(집착)하다가, 어느 신도가 좋은 가사를 선물하자 너무 기뻐했다. 그러나 그는 깨치기도 전에 그 가사를 입어보지 못하고 죽었다. 이 소식을 듣고, 부처님께서는 제자들에게 이 계송을 가르쳤다.

제241 게송

수행자가 불교경전을 읽지 않으면 잊어버리고,

집은 관리를 잘하지 않으면 허물어진다.

몸이 더러운 것은 게으름 때문이고,

마음집중이 안되는 것은 탐욕과 망상 때문이다.

:•. 부처님의 수행처에 랄루다이라는 수행자가 있었다. 그는 사리불 존자와 목건련 존자의 설법이 신도들로부터 인기를 얻고 있는 것을 시기했다. 신도들이 랄루다이 수행자에게 설법을 시켰더니, 그는 아무 말도 하지 못하고 "다음에 하겠다"는 말만 했다.

이 소문을 부처님께서 들으시고 말씀하셨다.

"수행자들이여, 랄루다이는 진리의 정법을 배운 적도 없다. 그는 깊은 참선수행도 하지 않았다. 그는 교리를 배우지도, 수행을 하지도 않았으니, 설법을 잘 할 수 없다. 마치 사용하지 않는 농기구처럼 녹이 슬어 못쓰게 된 것이다."

인간 붓다의 가르침 담마파다

제242 게송

한 가정의 부부가 바람피우는 것은
자기 몸과 마음을 더럽히는 것이다.
몸이 더러워지면, 마음도 인색해진다.
인색한 마음과 더러운 몸을 가지면
자기의 일생동안, 그리고 후손들에게도
나쁜 일들이 많이 생기게 된다.

제243 게송

일생을 사는 동안,
가장 어리석고 못난 것은
진리를 깨치지 못한 어리석음이다.
수행을 잘 닦으면 어리석음은 사라지게 된다.
수행자는 몸의 더러움과 어리석음이 없어야 한다.

∴ 부처님께서 죽림정사에 계실 때, 남편 있는 부인이 바람피운 이야기를 듣고 말씀하셨다.

"여래의 제자여! 나쁜 여자는 강물과 같고, 술집과 같고, 여관과 같고, 길가에 있는 물 항아리와 같다. 많은 사람들이 이용하는 것이니, 나쁜 여자는 잘못된 일을 쉽게 범하기도 한다. 수행자에게 중요한 것은 진리를 깨쳐서 어리석음의 무명(無明)을 벗어나는 것이다."

제244 게송

수행자가 부끄러움을 모르고 살면
계율을 벗어난 생활을 사는 것이다.
까마귀처럼 뻔뻔스럽게 사는 사람이다.
그런 사람은 남을 비방하기 좋아하고
싸움이나 타락한 생활을 하기 쉽다.

제245 게송

수행자가 부끄러움을 알고 살기가 쉽지 않다.
수행자는 언제나 청정심을 스스로 지키고,
삶 속에서 어떤 것에도 집착을 하지 않고
오직 담마(진리)에 따라 사는 것이 바른 삶이다.

∴ 부처님께서 기원정사에 계실 때, 쫄라사리라는 수행자가 있었다. 그는 자기가 만든 약을 신도들에게 나누어 주었다. 신도들은 그에게 감사의 댓가로 맛있는 음식을 계속 공양하였다. 이 소문을 들은 부처님께서는 이렇게 말씀하셨다.

"수행자가 부끄러움을 모르고 뻔뻔스럽기가 까마귀 같구나. 계율을 벗어난 편한 삶을 살려고 하는구나! 수행자가 계율을 잘 지키고 사는 것은 어려우니라."

제246 게송

생명을 살해하고, 거짓말을 하며,
주지 않는 물건을 훔치거나,
남의 아내를 탐하여 범하는 것은
모두가 악행을 짓는 것이다.

제247 게송

술이나 마약에 취하여 정신을 잃은 자는
마침내 자기의 몸과 마음을 파괴하고 만다.

제248 게송

수행자들이여, 오계를 잘 깨쳐 실행해야 한다.
자기를 자제하지 못하는 업행(業行)은 악행이니
욕심을 따라 행동하면 한량없는 불행이 닥친다.

인간 붓다의 가르침 담마파다

∴　부처님께서 기원정사에 계실 때, 다섯 재가 신도들이 오계(五戒)에 대한 토론을 했다. 결론이 나지 않아서, 부처님께 보고를 하였다.

부처님의 말씀이다.

"재가 신도들이여! 다섯 가지 戒 가운데 특별히 중요한 계는 없다. 모든 계를 잘 지켜야 공덕이 생기느니라. 다섯 계를 비교하고 차별하다가는 결국 한 가지 계도 잘 지키지 못하기 때문이다."

제249 계송

수행자는 굳은 신심과 편한 마음으로 베푼다.

사람들로부터 음식을 공양 받는 것을

기뻐하고, 감사하지 않는 수행자는

일념 정진을 하지 못하느니라.

제250 게송

수행자가 좋지 못한 마음을 버리고,

사람들의 음식 공양에 감사하면

그런 수행자는 낮이건, 밤이건,

일념 정진수행을 할 수 있다.

∴• 띳사라는 젊은 수행자가 부처님 수행처에 있었다. 그는 자기 자랑과 허풍을 떨기 좋아하고, 공양하는 마을 사람들을 비방하는 말버릇이 있었다. 부처님께서는 이를 지적하여 이렇게 말씀하셨다.

"수행자들이여! 근거 없이 자기 자랑을 하거나, 신도들로부터 받는 공양을 감사히 여기지 않는 수행자는 진리도 못 깨치고, 덕행이 부족하여, 聖人이 될 수 없느니라."

인간 붓다의 가르침 담마파다

제251 게송

삶의 본질에는 탐진치란 것이 있다.
'탐욕-성냄-어리석음'은 삶을 얽매고 있다.
수행자는 일생을 사는 동안 끊임없이
매일 새벽-잠자기 전에 수행을 해야 한다.
이런 생활습관을 가져야 열반의 삶을 산다.

∴ 부처님께서 기원정사에 계실 때, 다섯 재가 신도들이 설법을 들으면서 다섯 가지 다른 생각을 하고 있었다.

한 사람은 부처님께서는 왕자이시다.

한 사람은 부처님께서는 브라흐만이시다.

한 사람은 부처님께서는 큰 재산가이시다.

한 사람은 부처님께서는 아주 가난하시다.

한 사람은 부처님 설법에 집중하고 있었다.

이 말을 시자인 아난다가 부처님께 아뢰었다.

부처님께서는 이를 다섯 신도들의 습관 때문이라고 했다. 그런 습관은 인간의 탐진치(욕망-성냄-무명)이다. 탐진치 삼독을 수행으로 벗어나야만 진정한 불자(佛子)가 된다. 불자가 열반의 삶에 이르려면 탈삼독 수행을 해야 한다.

제252 게송

다른 사람의 허물은 잘 보이지만,

자신의 허물은 잘 보이지 않는다.

남의 허물은 바람에 날려 버리고,

자기의 허물은 찾아서 참회하라.

사람은 누구나 잘못 할 수 있다.

생긴 허물을 참회하고 수행하라.

∴ 부처님께서 바디야 수도원에 계실 때, 그 지방에서 가장 부자인 멘디까의 가족을 모두 가르쳐서, 성인의 삶을 살게 하였다. 부자인 멘디까 가족은 부처님과 수행자들에게 열성적으로 공양도 잘 하고 수행처도 지어주는 등 공덕이 큰 집안인데, 그들이 부처님을 만나려고 오는 길에서 다른 종파 사람들의 비방과 방해를 받는 일이 생겼다. 이 소식을 듣고, 부처님께서 말씀하신 게송이다.

제253 계송

남들의 허물이 쉽게 보일 때,
이를 소문내는 버릇은 나쁘다.
남의 결점을 자주 알게 되면,
자기의 번뇌로 쌓이게 되나니,
그렇게 쌓인 번뇌는 지우기 어렵다.

∴ 부처님께서 기원정사에 계실 때, 웃자와산니라는 수행자가 다른 수행자의 허물을 찾아내어 소문내는 버릇이 있었다. 이에 대해 부처님께서 말씀하셨다.

"수행자들이여! 사람이 다른 사람의 결점을 찾아서 그 사람을 조용히 지도하는 것은 좋은 일이지만, 남의 결점을 공개하는 것은 좋은 일이 아니다. 남의 결점을 자주 알아 챙기다 보면 자기 마음이 깨끗하지 못하게 되나니, 불법의 진리를 바로 알지 못하거나, 알아들어도 깨치지 못하게 되니라."

제254 게송

우주 자연의 허공은 무한한 허공뿐이다.

불교 밖에서는 아직도 깨친 수행자가 없다.

중생은 욕심과 이기심과 아견(我見)을 즐기며 산다.

여래는 탐진치(三毒)를 떠나 완전히 자유롭게 산다.

제255 게송

우주 자연의 허공은 무한한 허공뿐이다.

불교 밖에서는 아직도 깨친 수행자가 없다.

인연(연기법)으로 생긴 것은 영원한 것이 없다.

여래는 나고 죽는 그런 걱정들을 하지 않는다.

∴• 고행자 숩바다가 부처님께서 열반에 들기 직전에 찾아왔다. 그는 지금이 아니면 부처님의 가르침을 받지 못할 것을 알고, 시자인 아난다에게 부처님 면담을 간청했다. 아난다는 부처님께서 많이 피곤하다는 이유로 면담을 막았다. 그런데 부처님께서 숩바다의 간절한 요청을 들으시고 그의 면담을 허락하라고 말씀하셨다.

숩바다는 질문을 드렸다. "첫째, 우주 허공에도 길이 있습니까? 둘째, 불교 밖에서 깨친 이가 있습니까? 셋째, 몸과 마음(五蘊)은 영원합니까?"

숩바다는 답을 듣고, 부처님의 마지막 제자가 되었다.

제19장

진리를 따르면
붓다이다

제256 게송

판사가 사건을 임의로 판결한다면
그는 옳은 판사가 아니다.
바른 판사라면 어느 것이 옳고 그른지를
증거와 법의 규정에 따라서 판결해야 한다.

제257 게송

판사는 피의자로부터 뇌물을 받으면 안된다.
자기의 생각대로 판결해서도 안된다.
법의 규정에 따라 판결하는 재판관은
법의 보호자이며 법을 공정히 집행하는 자이다.

∴ 어느 판사가 뇌물을 받고 사건을 자의적으로 불공정하게 판결하
는 것을 본 수행자가 부처님께 아뢰었다.

부처님께서는 이렇게 말씀하셨다.

"수행자들이여! 판사가 감정에 치우치거나, 뇌물을 받았다면 그는 바른 판사가 아니다. 그런 판결은 공정한 판결이라고 볼 수 없다."

제258 게송

말을 많이 하면 지혜롭지 않다.
수행자는 언제나 마음을 안정하여
누구와도 다투지 않고 잘 지내며,
남에게 작은 피해도 주지 않아야,
지혜로운 사람이라고 존경 받는다.

∴ 부처님의 수행처에 있는 여섯 수행자들이 식당에 들어가서 소란을 피운 일이 있었다. 부처님께서 이 소식을 듣고 하신 말씀이다.

"수행자들이여! 말을 많이 하고, 남을 욕하며, 약한 사람들을 위협하는 행동을 하는 수행자는 현명하다고 말할 수 없느니라. 남에게 피해를 주지 않고 남을 미워하지 않고, 남들과 어울려 사는 사람은 현명하다."

제259 게송

말을 많이 한다고 훌륭한 법사는 아니다.
비록 불법을 적게 배우고 수행했더라도,
진리를 바르게 깨치고 진리대로 살면서,
수행생활을 꾸준히 하고 진리를 설하면,
이런 수행자는 훌륭한 법사라 하느니라.

∴ 부처님께서 기원정사에 계실 때, 에꾸다나 수행자가 짧은 설법을 하면, 많은 신도들이 칭찬하고 박수를 쳤는데, 설법을 잘한다는 법사는 긴 설법을 해도 박수도 칭찬도 받지 못했다. 말솜씨 좋은 법사가 부처님께 이유를 물었을 때, 답하신 게송이다.

제260 게송

나이가 많아서 머리카락이 희다고 해서
늙은이를 테라라고 부르지는 않는다.
나이에 관계없이 지혜 깨침을 얻기 위해
수행하는 사람들을 테라라고 부른다.

붓다께서 깨친 사성제(고집멸도)를 깨치고,

계율을 잘 지키고 남을 해치지 않으며,

자신을 잘 관리하여 번뇌를 벗어나고,

지혜를 얻은 사람을 테라라고 부른다.

∴ 30명의 수행자들이 기원정사 수행처에 계신 부처님을 찾아왔다. 이들은 수행처를 관리하는 받디야 수행자에게는 인사도 하지 않고 부처님께 인사를 했다. 이때 부처님께서는 그들에게 이렇게 가르치셨다.

"수행자들이여! 받디야 테라는 키는 작아도, 그는 수행을 오래 한 사람이다. 그를 못 본 척하고, 나를 바로 찾아온 것은 그가 키가 작다고 무시한 짓이다. 그는 사성제의 진리를 깨치고, 수행을 바르게 하는 사람이다. 사람의 겉모양을 보고 그의 인격을 판단하지 말라."

제262 계송

설법을 유창하게 잘하고
얼굴과 체격이 잘생겼기 때문에
훌륭한 수행자라고 존경하지 않는다.
마음이 닫힌 인색함과 자만을 버려야 한다.

제263 계송

시기심과 인색함과 자만심을 버리고,
망상과 번뇌를 스스로 버린 수행자를 가리켜서
훌륭하고 지혜가 많은 수행자라고 존경한다.

∴ 부처님께서 기원정사 수행처에 계실 때, 여러 수행자들이 자기들의 생활을 보살펴 주는 어린 동자들을 갖고 싶다고 부처님께 아뢰었다. 부처님께서는 그런 생각들을 버리라고 타일렀다.

"수행자들이여! 너희들의 생각이 수행자답지 않다. 수행자가 탐욕과 성냄과 이기심을 가지면 바른 수행을 하기 어려우니, 수행을 통해서 그런 생각들을 깨끗이 버려야 한다."

제264 게송

수행자는 겉모양만 갖춘다고 수행자가 아니다.
계행을 지키지 않거나 거짓말을 하거나,
욕심과 남을 미워하는 마음이 있으면,
그를 수행자라고 부를 수 없느니라.

제265 게송

수행자는 나쁜 행동을 하지 않아야 한다.
모든 나쁜 행동을 잘 다스린다면
그런 사람을 수행자라고 한다.
왜냐하면, 악한 행동을 스스로 이겼으니까!

∴ 부처님께서 기원정사—제따와나 수행처에 계실 때, 가르친 게송
이다. 핫타까란 수행자가 다른 종교 수행자들과 종교적 토론을 즐겼
다. 그는 토론에서 패하면 혼자서 중얼 거리며 "내가 이겼다"고 외쳤
다. 이런 행동을 이상하게 여겼던 다른 수행자가 부처님께 아뢰었다.
부처님께서는 핫타까를 불러서 사실 여부를 물어보았고, 그는 시인
했다.

제266 게송

남의 집을 찾아다니며 걸식(탁발)을 한다고
비구(수행자)라 하지 않는다.
승가의 계행을 지키고 진리 깨침을 수행하는
그런 사람들을 비구라고 한다.

인간 붓다의 가르침 담마파다

제267 게송

삶에서 모든 욕망을 버리고 깨끗한 생활을 하며

몸과 마음(五蘊)의 가치와 의미를 바로 알면서

새벽－저녁에 좌선수행을 열심히 하는 사람을

우리는 비구(수행자)라고 부른다.

∴ 부처님께서 제따와나－기원정사 수행처에 계실 때, 한 브라흐만 (힌두교의 전신) 수행자가 찾아와서, 자기도 걸식을 하니까, 비구라 불러달라고 했다. 이에 부처님께서는 이렇게 설하셨다. "브라흐만이여! 걸식을 한다고 비구라 부르지 않는다. 비구라는 수행자는 일체가 무아(無我)이고, 일체가 무상(無常)하며, 생명에게는 일체가 고통임을 알며, 우주－자연의 만법(萬法)이 한 진리(緣起生滅)에 따른다는 진리를 깨쳐서, 수행생활 속에서 집착(執着)과 애욕(愛慾)과 소유욕(所有慾)을 벗어나고, 중생에게 이익이 되는 삶을 살아가는 사람들을 '비구=수행자'라고 부를 뿐이다."

제268 게송

어리석은 수행자가 침묵하는 것만으로
무니(깨친 지도자)가 될 수는 없다.
깨침을 얻은 수행자는 항상
선을 택하고 악을 버린다.

제269 게송

마음과 행동으로써 선을 택하고 악을 버리면
그런 수행자를 무니라 한다.
자기의 마음과 행동 양쪽으로 실천하는
수행자를 무니라 한다.

∴ 부처님께서 기원정사 수행처에 계실 때, 외도(外道: 타종교인)들이 불교수행자들을 비방하는 것을 보시고 하신 게송이다.

불교 초기에는 부처님께서 수행자들에게, 신도들이 공양할 때, 감사 인사를 하지 말라고 했다. 그러나 수행자가 많아지고 신도들이 공양을 올리는 것이 일상 수행이 되자, 부처님께서 공양을 받으면 감사 인사를 하라고 허락했다.

이를 보고, 외도들이 자기들의 '무니=깨친 지도자'는 감사 인사를 하지 말라고 했다면서, 불교수행자를 비방했다.

제270 게송

그가 아리야가 아닌 것은
그가 생명을 해치기 때문이다.
일체 생명을 해치지 않는
그런 사람을 아리야라 부른다.

∴ 부처님께서 기원정사 수행처에 계실 때, 어부 아리야에 관해 하신 말씀이다. "네가 고기를 잡는 직업을 하는데 아리야라고 부를 수 없다. 아리야란 일체 생명을 사랑하여 그들에게 작은 괴로움도 주지 않는 사람을 일컫는 말이다."

제271 게송

계율을 잘 지키고 경전을 많이 읽어도,

참선으로 바른 알아차림(마음챙김)을 성취해도,

아라한과를 쉽게 얻는 것은 아니다.

제272 게송

망상−번뇌를 벗어나 만족을 누린다고

스스로 자만하는 수행자들이여!

모든 번뇌를 완전히 벗어나서

아라한과를 성취할 때까지

스스로 만족해선 안된다.

∴ 부처님께서 기원정사 수행처에 계실 때, 많은 수행자들이 '우리의 수행수준이 이 정도니, 언제든지 아라한과에 도달할 수 있다'고 생각했다. 이 생각을 부처님께 아뢰었을 때 설하신 게송이다.

"비구들이여! 아라한과를 성취할 수 있다고 자만해서는 안된다. 모든 번뇌를 없애기까지는 자신의 수행에 대해서 절대로 만족해서도 안되고, 아라한과를 성취할 수 있다는 생각도 하지 않아야 한다."

이 게송을 듣고, 많은 수행자들은 아라한과를 얻었다.

자각불교는 진리를 깨치고(自覺), 중생에 베풂(德行), 두 가지를 완성한 수행자를 부처(成佛)라고 부른다.

제20장

일생을
바르게 사는 길

제273 계송

깨침수행 진리로는 무아-연기가 최상이요,
덕행수행 진리로는 사성제가 최상이요,
욕망을 자제하는 데는 지관수행이 으뜸이다.
붓다처럼 깨치고 베푼 이가 최상의 성인이다.

제274 계송

진리를 깨쳐 열반의 삶을 사는 데는 한 길뿐이다.
청정한 마음과 몸을 얻는 데는 한 길뿐이다.
수행자는 마땅히 이 한 길을 따라야 한다.
깨친 수행자에게는 악인도 오지 못한다.

인간 붓다의 가르침 담마파다

제275 게송

수행자는 수행의 길과 깨침의 길만 따르라.
수행으로 깨침을 얻으면 고통은 사라진다.
여래는 이 길을 따라 번뇌를 물리쳤으니
수행자에게 이 한 길을 가르쳐 주노라.

제276 게송

수행은 각자가 스스로 닦는 삶이다.

여래는 다만 수행의 길을 알려줄 뿐,

수행자는 마음집중과 알아차림을 하면

어떤 악인의 무리들도 오지 못하리라.

∴ 부처님께서 기원정사 수행처에서 500 비구들에게 수행과 깨침

의 길을 설하신 부처님의 게송이다.

제277 게송

모든 존재에는 자아(自我＝自性)가 없다.

지혜로 일체의 본질을 살피면.

고통을 여의고 열반을 얻으리라.

무아무상(無我無常)을 깨침이 진제수행의 첫째이다.

제278 게송

모든 존재는 연기생멸(緣起生滅)의 현상이다.

지혜로 일체의 본질을 살피면

고통을 여의고 열반을 얻으리라.

연기생멸을 깨침이 진제(眞諦)수행의 둘째이다.

무아무상 – 연기생멸은 동전의 양면과 같다.

제279 게송

모든 생명은 고통을 느낀다.

지혜로 생명의 본질을 살피면,

고통을 물리치고 열반의 삶을 살리라.

생명의 개고(皆苦)를 깨침이 속제(俗諦)수행의 핵심이다.

∴ 이 게송들은 부처님 깨침의 핵심인 삼법인과 연기생멸을 설하고 있다. 무아(안앗따–Anatta)–무상(아닛짜–Anicca)–개고(皆苦, 둑카–Dukkha) 삼법인은 우주–자연–인간의 본성이고, 연기생멸은 우주자연의 현상이다. 삼법인을 못 깨치면, 불교를 평생 믿어도 헛것을 믿는 것이다. 수행자는 위 삼법인과 연기생멸을 반드시 깨쳐야 한다.

제280 게송

부지런히 수행해야 할 때 하지 않으면

젊음과 건강을 해치는 게으름에 빠진다.

정진할 생각은 줄어들고 마음은 흔들린다.

이와 같은 수행자는 깨침을 얻는 길을 잃는다.

∴ 게으른 띳사 수행자는 500명의 수행자들과 함께 수행하지 않고, 혼자 게으름을 부리면서 변명만 늘어놓았다. 부처님께서는 게송에서 이렇게 말씀하였다. "수행자들이여! 수행자는 지금 할 일을 열심히 해야 한다. 지금 할 일을 게을리 하면 앞날에 반드시 후회할 것이다. 수행을 게을리 하면, 절대로 진리 깨침을 얻을 수 없다. 깨침을 얻지 못하면 열반의 편안한 삶을 살지 못한다."

제281 게송

수행자는 말과 생각과 행동을 조심해야 한다.

몸으로도 악행을 해서는 안된다.

말과 생각과 행동 세 가지는 깨끗해야 한다.

수행자는 탈삼독(脫三毒)수행을 해야 열반에 이른다.

∴ 부처님께서 죽림정사—웰루와나 수행처에 계실 때, 돼지 귀신 이야기를 놓고 목건련 제자와 락카나 수행자에게 사람이 받는 고통은 모두 자기가 과거에 지은 말과 생각과 행동의 결과라고 가르쳐 주었다.

돼지 이야기는 욕심 많은 사람이 받은 고통을 설법한 것이고, 이 가르침은 중국에 와서는 자업자득이란 가르침이 되었다.

탈삼독수행은 탐욕—성냄—무명을 벗어나는 수행. 말과 생각과 행동으로 짓는 악업이 십악업(十惡業)이다.

제282 게송

진리 깨침은 수행에서 얻는다.
수행을 안 하면 지혜는 얻을 수 없다.
깨침을 얻는 길은 지관수행뿐이다.
깨침의 수행법인 지관(止觀)수행을 하라.

∴ 부처님께서 기원정사-제따와나 수행처에 계실 때 설한 게송이다.

이때 나이 많고 학식이 높은 뿟틸라 수행자가 있었다. 그는 많은 수행자들에게 부처님의 정법을 설하고 있었다. 그러나 그의 마음은 항상 자만심으로 가득 차 있었다. 이런 아상과 자만심을 없애기 위해서, 부처님께서는 그를 부를 때, '뚜짜(머리가 텅 빈)' 뿟틸라라고 불렀다. 뿟틸라는 멀리 떨어진 수도원을 찾아가서 어린 사미(沙彌: 7세에서 20세까지의 수행자)를 스승으로 모시고 좌선 수행을 열심히 하여, 아만을 없애고 깨침을 얻었다.

지(止)수행은 정정(正定)수행으로 마음을 멈추는 수행. 관(觀)수행은 정념(正念)수행으로 법(法)을 알아차림하는 수행. 지관수행은 둘이 아니고, 하나의 수행법이다.

제283 게송

수행자들이여! 삼독(貪瞋痴)의 숲을 떠나라.
삼독의 숲은 항상 위험한 곳이다.
탐진치의 뿌리를 모두 없애고 나면,
모든 고통으로부터 자유로워지리라.

제284 게송

수행자(남자)가 여자를 원하는 생각을

조금이라도 가지고 있으면,

진리 깨침수행을 바르게 할 수 없다.

마치 어린 양이 어미의 젖 맛을 생각하듯이.

∴ 부처님께서 기원정사 수행처에 계실 때 설한 게송이다.

이때 늙은 다섯 비구들이 음식 맛에 빠져 있었다. 어느 날 맛있는 음식을 만들던 여인이 죽었다. 그래서 모두들 그의 죽음을 슬퍼했다. 이 소문을 들은 부처님께서는 이렇게 가르쳤다.

"비구들이여! 탐욕–성냄–어리석음이란 나뭇가지를 모두 잘라 버려라. 한 여인의 죽음을 슬퍼하는 괴로움은 탐욕–성냄–어리석음 때문이니, 모두 버려야 큰 자유를 누린다."

인간 붓다의 가르침 담마파다

제285 게송

수행자여! 애정과 욕망을 끊어 버려라.

마치 가을에 핀 국화 한 송이를 꺾듯이,

탐진치(貪瞋痴)를 여의고 열반을 얻는 수행은

여래가 모두에게 가르친 진리 교설들이다.

∴ 부처님께서 기원정사—제따와나 수행처에 계실 때, 사리불이 금세공사 출신 수행자에게 깨침수행을 아무리 가르쳐도, 그는 깨침을 얻지 못하였다. 그래서 부처님께 아뢰었다. 부처님께서는 "여래의 제자들도 아무나 깨치게 할 수는 없다. 그의 가정과 부모와의 관계, 수행의 자세를 잘 살펴야 한다"고 하셨다. 부처님께서 직접 그 수행자에게 신수심법(身受心法: 正念수행)을 가르쳐서, 제4 선정에 이르게 하여 아라한과를 얻게 하였다.

제286 게송

어리석은 사람은 덥고 비오는 계절과

추운 계절을 바라보며 살고 있다.

계절의 변화와 나의 죽음은

별로 관계가 없다.

∴ 부처님께서 기원정사 수행처에 계실 때 하신 게송이다. 옷감을 파는 상인 마하다나가 수레에 옷감을 많이 싣고 다른 곳으로 가는 도중에 비가 많이 내려서 강물이 불었다. 강을 건너지 못하자, 그곳에서 강물이 줄 때까지 기다리려고 생각하고 있었다.

이 소문을 듣고 부처님께서 아난다에게 말씀하셨다.

"어리석은 저 상인은 '자기가 곧 죽는다'는 것은 모르고 있구나. 그에게 가서 지금 할 일이 무엇인지 알아차리고 그 일을 곧 하라고 해라."

상인 마하다나가 이 말씀을 전해 듣자 부처님을 찾아와서 가르침을 받고, 수행을 열심히 하여 깨침을 얻었다. 그는 며칠 뒤에 세상을 떠났다.

인간 붓다의 가르침 담마파다

제287 계송

어머니들은 자식을 지극히 애착하나니,
목장에 있는 어미 소도 그러하니라.
마음이 욕망에 집착되어 있으면
죽음은 생명을 순식간에 해친다.
홍수가 고요한 마을을 덮치듯이.

∴ 부처님께서 기원정사 수행처에 계실 때 설한 계송이다. 끼사고
따미라는 여인이 외아들이 죽자 부처님을 찾아가서 애통함을 하소연
하였다. 부처님께서는 끼사고따미 여인에게 이렇게 위로했다.

"자식을 일찍 잃은 사람이 너 혼자가 아니다. 세상에는 일찍 죽는
사람들이 오래 사는 사람보다 더 많으니라. 죽음은 오래 살고 싶은
욕망을 채워주지 않고 많은 사람들을 일찍 죽게 한다."

제288 게송

자식도 너의 의지처가 안 되고,

부모도 너를 항상 보호하지 않는다.

죽음이 너에게 다가오면,

어떤 사람도 너를 죽음에서 구하지 못한다.

제289 게송

태어남과 죽음을 진리로 알아차리면,

스스로 진리를 따라 바르게 살고,

마음을 고요히 편하게 가져서,

열반(만족)의 삶을 살리라.

∴ 부처님께서 기원정사 수행처에 계실 때 설하신 게송이다.

사왓티에 사는 한 부자의 딸인 빠따짜라는 여인은 남편과 두 아들,
부모와 세 여동생 모두가 갑자기 세상을 떠나고 말았다. 그래서 정신
없이 울면서 길을 방황하다가 부처님을 만났다.

부처님께서는 그에게 이렇게 위로의 가르침을 주었다.

"너의 주변에 있어야 할 가족들이 모두 죽었구나! 너의 비통한 마음을 나는 잘 안다. 그러나 네가 꼭 알아야 할 것은, 현명한 사람들이 아는 '삶의 진리(생명은 생로병사)'를 네가 모르는구나! 네가 삶의 진리를 따라 살고 열반(만족한 삶)을 이루면, 괴로움도 없어지고 남들처럼 편하게 살 수 있느니라."

제21장

여러 가지
공덕과 복덕

제290 게송

작은 봉사와 희생으로 공덕을 쌓으면
훗날에 크나큰 복덕과 만족을 얻으리라.
진리를 깨친 현자는 작은 복덕을 버리고
크나큰 복덕과 만족(열반)을 누리면서 산다.

∴ 부처님께서 웨살리를 찾아갔을 때 설한 게송이다. 웨살리 마을
은 심한 가뭄으로 농사가 되지 않아 굶어서 죽는 사람들이 많았다.
부처님께서 오셔서, 어릴 때 중생의 고통을 보시고 큰 뜻(중생구제)을
품게 되었다는 이야기를 마을 사람들에게 해 주었다. 우연인지, 다행
인지, 부처님께서 오신 날부터 비가 많이 내려서 곡식이 풍성해졌다.
굶주리던 농민들은 너무 기뻐서 부처님의 공덕에 감사를 드리며 존
경하였다.

인간 붓다의 가르침 담마파다

제291 게송

누구든지 자기의 만족을 얻겠다고
남에게 고통과 피해를 주는 행동을 하면,
피해자의 원한이 높은 산처럼 쌓이게 된다.
참회수행으로 피해자의 용서를 구해야만 한다.

∴ 부처님께서 기원정사 수행처에 계실 때 하신 게송이다. 누구든지 남에게 피해를 주는 나쁜 행동을 하면, 반드시 그 악행의 대가는 자신에게 돌아온다는 가르침을 수행자들에게 주신 말씀이다.

제292 게송

진리를 깨치는 수행자가
해야 할 일은 하지 않고
하지 않아야 할 일에 정신이 팔리면
교만심이 생기고 수행이 잘 안된다.

제293 계송

진리를 깨치려는 수행자는
해서는 안될 일을 하지 않고,
해야 할 일만을 열심히 행하나니,
이런 수행자는 알아차림 수행이 잘된다.

∴ 부처님께서 밧디야 수행처에 계실 때 설하신 게송이다.

이 지방의 수행자들은 화려한 신발을 만들어 자랑하면서 신고 다니는 전통이 있었다. 이 소문을 들은 부처님께서는 이렇게 말씀하셨다.

"비구들이여 진리를 깨치려는 수행자는 단 한 가지 목표에만 노력을 집중해야 한다. 화려한 신발과 같은 것에 마음을 쓰면 안된다. 수행자는 오직 진리 깨침에만 집중하여라."

제294 계송

수행자는 탐욕과 교만을 모두 버리고,
상견(常見)도 단견(斷見)도 모두 버려라.
영원한 것도 없고, 허무한 것도 없다.
여래가 깨친 진리를 깨치면 알 수 있다.

인간 붓다의 가르침 담마파다

제295 게송

탐욕과 교만, 상견과 단견, 모두 버리고
깨침을 얻으면 모든 의심은 사라진다.
진리를 깨친 삶은 마냥 고요하니라.

∴ 부처님께서 기원정사 수행처에 계실 때 설한 게송이다. 여러 수
행자 중에 키가 가장 작은 밧디야는 모든 쓸데없는 것을 버린 대자유
인이 되었다. 버릴 것인 욕망-교만, 상견-단견, 집착-망상을 모두
버리면 누구나 대자유인이 될 수 있다.

제296 게송

수행자는 항상 정신을 차리고,
붓다처럼 마음을 집중하여라.

제297 게송

수행자는 항상 마음이 깨어 있고,
진리 깨침에 마음을 집중하여라.

제298 게송

수행자는 항상 붓다를 생각하고,
깨침수행에 마음을 집중하여라.

제299 게송

수행자는 항상 조용한 삶을 살고,
자신의 건강에 마음을 집중하여라.

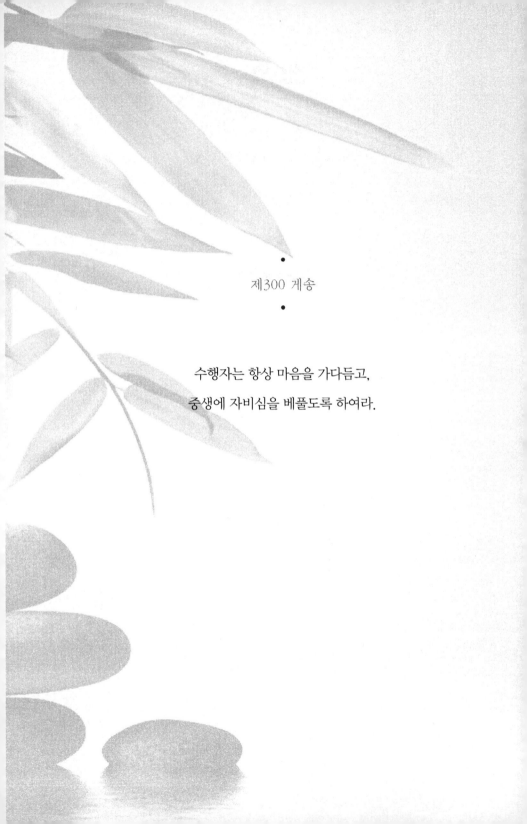

제300 계송

수행자는 항상 마음을 가다듬고,
중생에 자비심을 베풀도록 하여라.

제301 게송

수행자는 항상 신심(信心)을 지키며,

수행을 즐기면서 살도록 하여라.

∴ 부처님께서 죽림정사—웰루와나 수행처에 계실 때 설하신 게송
이다. 누구든지 자기의 생각과 행동을 잘 다스리고 안이비설신의(眼
耳鼻舌身意)에 집중하면 불안한 마음에서 고통을 받지 않으리라.

제302 게송

수행자의 생활은 어려운 일이다.

수행을 해도 열반(만족)을 얻기는 어렵다.

수행을 하지 않는 가정생활도 괴로운 일이다.

생각이 다른 부부가 함께 사는 것도 괴로운 일이다.

생명윤회로 나의 생명은 이어가지만 모두가 고생이다.

생명을 가진 일체중생은 고통—고민—고생으로 살아야 한다.

∴ 부처님께서 죽림정사 수행처에 계실 때 말씀한 게송이다.

생명을 가지고 산다는 것은 어려운 일이다. 사람은 천당을 좋아하고, 지옥을 싫어한다. 그러나 지금 사는 곳도, 어느 다른 곳도 어렵다. 생명의 본질은 살기가 그렇게 어렵다는 것이다. 많은 생명 가운데 사람이 되기도, 사람이 되어도, 수행자가 되기는 더더욱 어려운 선택임을 안다면 수행하지 않을 수 없다.

제303 게송

신심이 가득하고 계행을 잘 지키는 수행자는
재가이든 출가이든 모두가 명성과 인기를 얻나니,
어느 곳에서 살든지 많은 사람들로부터 존경을 받는다.

∴ 부처님께서 기원정사 수행처에 계실 때 설한 게송이다. 재가 신도인 찌따는 부처님을 찾아와서, 부처님과 많은 수행자들과 마을 사람들에게 몇 달 동안 정성어린 공양을 베풀었다. 그 결과, 그의 창고에는 더 많은 곡식이 해마다 쌓여서 큰 부자가 됐다고 한다.

제304 게송

깨친 수행자는 멀리 있어도

착한 일을 한 사람의 소식을 안다.

마치 히말라야 흰 산을 멀리서 보듯이.

그러나 악한 일은 가까이 있어도 보지 않는다.

마치 어두운 밤에 날아가는 화살을 못 보듯이.

∴ 부처님께서 기원정사 수행처에 계실 때 설한 게송이다.

부호의 딸 쭐라수밧다가 자이나교를 믿는 신랑과 결혼했다. 시어머니가 며느리에게 (발가벗은) 자이나교 승려들에게 나와서 인사를 드리라고 했다. 그러나 며느리 쭐라수밧다는 거절했다. 훗날, 이 며느리 쭐라수밧다의 시부모는 부처님을 만나고 나서 불교를 잘 믿는 신도가 되었다.

인간 붓다의 가르침 담마파다

제305 게송

수행자는 홀로 좌선하고,
혼자서 걷는 수행을 하며,
혼자서 깊은 생각을 해야 한다.
혼자서 자기를 잘 관리해야 한다.

∴ 부처님께서 기원정사 수행처에 계실 때 설한 게송이다. 에까위하라 수행자는 다른 수행자와 어울리지 않고 항상 혼자서 음식을 먹고, 혼자서 좌선을 즐겼다. 다른 수행자들이 외톨이 수행자의 행동을 부처님께 아뢰자, 부처님께서는 홀로 수행하며, 홀로 지내는 에까위하라를 이렇게 칭찬했다.

"에까위하라는 참으로 수행자답게 생활한다. 수행자는 몸과 마음과 입을 항상 고요히 하고, 한적한 곳에서 홀로 참선수행을 한다."

제22장

진제에는 지옥도 천상도 없다

제306 게송

어떤 종교를 믿든지 좋은 일만 하여라.

남을 시기하고 비방하는 것은 나쁜 일이다.

남을 돕는 일을 많이 하고 남을 먼저 생각해야

자신의 마음도 편해지고, 후손들도 편히 살게 된다.

∴ 성자(붓다)의 가르침과 명예와 인기가 높아짐을 시기한 사람들이 성자가 계시던 수행처에 미녀를 자주 나타나게 하여 나쁜 소문을 퍼뜨렸다가 왕이 이 사실을 조사하여, 나쁜 행동을 하게 만든 무리들을 처형하였다. 나쁜 일을 하면, 그 결과가 자신과 자신의 후손들에게 돌아온다는 성자의 가르침이다. (苦盡甘來 自業自得)

제307 게송

겉모양으로 수행자 행세를 한다고

전문수행자로 존경을 받지 않는다.

자기의 삶을 바르게 하는 수행자는

항상 언어와 행동을 자제해야 한다.

인간 붓다의 가르침 담마파다

∴ 부처님께서 죽림정사 수행처에 계실 때 말씀하신 게송이다.

"수행자들이여, 전문수행자는 악행을 짓지 않아야 한다. 일반 신도들의 공양과 시주를 받고 편히 살면서도 선행을 하지 않으면, 아무도 존경하지 않는다. 악행의 대가는 자신에게 고통으로 찾아오느니라."

제308 게송

수행자는 굶어서 고생을 할지라도,
지켜야 할 계행을 안 지키고
신구의(身口意) 행위를 다스리지 않으면,
신심 높은 신도들로부터 공양을 받을 수 없다.

∴ 부처님께서 웨살리 한 수행처에 계실 때 하신 말씀이다.

왓지 지방에 심한 가뭄이 들어서, 주민들이 굶어 죽는 사태가 일어났다. 이때 수행자들도 탁발 공양을 제대로 받지 못하게 되자, 거짓으로 모든 수행자가 깨침을 얻었다고 거짓말을 퍼뜨려서 충분한 공양을 받게 되었다. 부처님께서 이 소식을 듣고, 그들을 심하게 꾸짖었다.

제309 게송

유부녀와 처녀들을 음행한 남자는
자신의 몸과 건강을 잃고 오래 못 산다.
이런 행동을 패가망신이라 한다.

제310 게송

불륜을 부끄럽게 여기지 못하고
쾌락에 빠져서 사는 사람은
중벌을 면하지 못하나니,
두 남녀에게 죽음이 곧 닥친다.

∴• 부처님께서 기원정사 수행처에 계실 때 하신 말씀이다.
부자집 아들인 케마까는 온 동네 유부녀와 처녀들을 농락하다가, 세 번이나 제판을 받았다. 왕은 그의 가문을 고려하여 매번 석방해 주었다. 이 소식을 들은 부처님께서는 이렇게 말씀하셨다.

"성적 방종은 남의 행복을 빼앗는 것이고 자신의 건강과 정신을 해치니 즉, 임종 날을 앞당긴다."

인간 붓다의 가르침 담마파다

수행자는 나뭇잎을 함부로 꺾지 말라.

말 못하는 식물들도 생명이 있나니

남의 생명을 함부로 해치는 습관은

악행의 과보를 자신에게 쌓을 뿐이다.

제312 게송

수행자가 정해진 법당행사만 참여하고

자신의 사생활은 바르지 않게 한다면

계행을 잘 지키지 않는 결과가 된다.

이는 수행생활을 해도 효과가 없다.

제313 게송

수행자는 해야 할 일에 열중하여라.

최선을 다하여 할 일을 완성하라.

수행자가 게으름을 부리고 살면

번뇌-망상만 더 쌓이게 된다.

∴ 부처님께서 기원정사 수행처에 계실 때 설한 게송이다.

한 수행자가 작은 계율을 무시하고 자연의 숲에서 풀잎을 함부로 뜯

고, 나무 가지와 뿌리를 뽑는 행동을 자랑삼아 했다. 이를 부처님께

서 아시고, 불러서 꾸짖으시며 타일렀다.

누구든지 악행을 짓지 않아야 한다.

악행을 지으면 그 고통을 되받는다.

선행은 많이 지어도 좋을 것이다.

착한 일을 하면 후회는 없으리라.

∴ 부처님께서 기원정사 수행처에 계실 때 설한 말씀이다.

질투심이 많은 여인이 남편과 여종이 사랑을 했다고 그 여종의 귀와 코를 칼로 잘랐다. 부처님께서 이를 알고, 말씀하신 가르침이다.

"악행을 범하지 말라. 악행은 비밀로 감출 수 없다. 악행이 밝혀지는 날, 그 아픔을 어찌 감당하겠는가! 그러나 선행을 한 기쁨은 자기를 항상 즐겁게 하리라."

주민들이 마을에 성곽을 쌓듯이,

수행자는 느끼는 것들(五識)을 경계하여

자기의 마음—생각(六識)을 감시 감독하라.

사람이란 한 순간도 무심히 살 수는 없다.

한 순간이 일생을 망칠 수도, 살릴 수도 있다.

∴ 부처님께서 기원정사에 계실 때 설한 말씀이다.

수행자들이 살던 마을에 도적들이 덮쳐서, 주민들이 피난 갔다가 다시 돌아와 성곽을 쌓느라고 수행자들에게 공양을 하지 못했다. 기원정사로 몰려온 수행자들에게 부처님께서 말씀하셨다.

"수행자들이여! 나쁜 생각도 좋은 생각도 하지 말라. 사람은 노력 없이는 자기를 지킬 수 없다. 누구나 열반(자유—평화—만족)을 지키기 위해서는 노력해야 한다. 수행자는 여섯 강도들(六識)로부터 자신을 보호해야 한다. 항상 진리를 따르는 행동만 해야 하느니라."

제316 게송

부끄러워야 할 것은 부끄러워야 한다.

부끄럽지 않은 것은 부끄러워할 게 없다.

자이나교 수행자들은 생각이 뒤바뀌었다.

그들의 잘못된 가르침은 사라질 것이다.

제317 게송

수행자는 하지 않아야 할 것은 안 해야 한다.

위험한 것과 부끄러운 행동은 하지 않아야 한다.

앞뒤가 뒤바뀐 생각을 가진 수행자들은

수행 목표인 열반의 삶을 누리지 못할 것이다.

∴ 부처님께서 기원정사에 계실 때 한 말씀이다. 니간타 고행자(자이나교)들이 자기의 성기는 가리지 않고, 탁발한 음식만 천으로 덮고 다니는 것을 본 부처님의 평가다.

"수행자들이여! 니간타들은 발가벗고 다니는 것을 부끄러워하지 않는다. 그들은 잘못된 생각을 근거로 수행을 하니 안타깝다. 그들은 자기들의 어리석음을 나타낼 뿐이다."

이 말씀이 자이나교에 전해지자, 수보리를 포함한 여러 고행자들이 부처님의 제자가 되기 위해서 붓다의 수행처로 옮겨왔다. 수보리 존자는 연기법을 잘 아는 큰 학자였다.

제318 게송

나쁘지 않은 것을 나쁘다고 알고,
나쁜 것을 나쁘다고 모르는 사람들이 있다.
이런 잘못된 생각을 가진 사람들이 많다.
이런 사람들은 열반의 삶을 살 수 없다.

좋은 것을 좋다고 알고,

바른 것을 바르다고 아는 사람들이 있다.

이런 바른 생각을 가진 사람들도 많다.

이런 사람들은 열반의 삶을 살게 되리라.

∴ 부처님께서 니그로다라마 수행처에 계실 때 한 말씀이다. 외도
들은 자기 아이들에게 불교 수행처에 못 가게 했다. 그들은 자식들을
자기가 믿는 종교만 믿도록 강요했다. 아이들이 놀다가 목이 말라 불
교 수행처에서 물을 얻어먹었다.

제23장

코끼리처럼
자기를 다스리라

제320 게송

숲 속에 사는 코끼리도 화살을 잘 피한다.
성자가 되려면 나쁜 사람의 욕설을 듣고도
잘 참고 자신을 잘 다스려야 한다.

제321 게송

잘 훈련받은 코끼리는 싸움도 잘한다.
장수는 훈련된 코끼리를 타고 싸운다.
욕설을 잘 참는 수행자는 성자가 된다.

인간 붓다의 가르침 담마파다

제322 계송

개도 훈련을 시키면 주인을 잘 돕는다.

숲 속의 왕자인 코끼리도 그러하다.

사람도 자기를 잘 다스리면 성자가 된다.

∴ 부처님께서 고시따라마 수행처에 계실 때 설한 말씀이다.

마간디야라는 부호의 딸은 미녀였다. 그의 아버지는 딸을 부처님께 시집보내고 싶다고 말했으나, 부처님께서는 거절하였다.

"미녀의 몸 속에도 오줌과 똥이 있는데, 무엇이 아름다우냐?"

이 말을 들은 마간디야는 화가 나서 부처님을 복수하려고, 불량배에게 돈을 주고 탁발하는 부처님께 욕하라고 시켰다.

부처님께서는 시자인 아난다에게 "욕하는 사람을 탓하지 말라. 자신을 잘 다스려야 성자가 된다"고 아난다를 가르쳤다.

제323 게송

자연에 사는 동물들은
사람이 수행하는 것을 배울 수 없다.
진리를 깨치려고 수행하는 사람은
자기를 잘 다스려야 깨침을 얻을 수 있다.

∴ 부처님께서 기원정사에 계실 때 하신 말씀이다. 어느 수행자가 마을 강가에서 코끼리를 훈련시키는 아이들에게 훈련기술을 가르쳐 주었다. 이 소문을 들은 부처님께서는 그 수행자에게 이렇게 말했다.

"진리를 깨치려는 수행자는 오직 자기 수행에만 전념해야 한다. 코끼리는 아무리 훈련을 잘 시켜도 깨침을 얻을 수 없다."

제324 게송

옛날 인도에 '다나빨라'라는 코끼리 무리가 살았다.
어미 코끼리가 사냥꾼에게 잡혀 심한 고통을 받았다.
새끼 코끼리는 음식을 먹지 않고,
어미 코끼리만 그리워하였다.

인간 붓다의 가르침 담마파다

∴ 부처님께서 기원정사에 계실 때 하신 말씀이다

한 늙은 보라만 교인은 재물이 많았다. 그의 네 아들들은 아버지의 재산을 모두 가져갔으나 아버지를 잘 공양하지 않았고, 며느리들도 똑 같았다. 부처님께서 노인의 아들과 며느리들에게 이렇게 효도를 가르치셨다.

"부모님을 잘 모시면, 그 공덕이 자신들에게 되돌아온다."

이 가족은 모두 깨침을 얻어서 모범 가정을 이루었다.

제325 게송

돼지가 잘 먹고 흙탕에서 자듯이
사람이 많이 먹는 것은 어리석다.
사람은 먹는 것보다 생각이 중요하다.
현명한 사람은 항상 먼 앞날을 생각한다.

∴ 부처님께서 기원정사에 계실 때 하신 말씀이다.

코살라 국왕 빠세나디는 식사량이 아주 많았다. 식사 후에는 언제나 졸음으로 고통을 느꼈다. 그는 부처님의 가르침을 받고 나서 식사량을 줄였으며, 몸과 마음이 가벼워지고 맑아져서 편하게 살았다.

제326 게송

마음은 날리는 낙엽과 같다.
자기의 마음을 억제하지 못하면
정처 없이 방황하는 생활을 하게 된다.
수행자는 코끼리 조련사처럼 마음을 다스린다.

∴ 부처님께서 기원정사에 계실 때 설한 게송이다.

나이 어린 사라네라는 게송을 독송하여 공덕을 많이 쌓은 수행자였다. 그러나 수행생활에 싫증이 나서 수행처를 떠나려 했다. 부처님께서는 사라네라 수행자를 이렇게 가르치셨다.

"감각적 욕망으로 마음을 억제하지 못하면 몸으로는 고통과 고민과 고생을 면치 못한다. 욕망이 일어나는 마음을 억제하고 잘 다스려야 한다."

사라네라는 사성제(苦集滅道)를 깨쳐서 만족을 누렸다.

제327 게송

수행자는 '알아차림'수행을 하여
자기의 마음을 잘 다스려야 한다.
늪에 빠진 코끼리가 스스로 나오듯이
수행자도 번뇌의 숲에서 나와야 한다.

∴ 부처님께서 기원정사에 계실 때 설한 말씀이다.

빠웨이야까는 왕을 태우고 전쟁을 했던 코끼리인데, 늙어서 늪에 빠
져 밖으로 나오지 못하였다. 조련사가 왕궁의 군악대를 시켜서 힘찬
연주를 시켰더니 코끼리가 힘을 모아서 스스로 늪에서 밖으로 나왔
다. 이 소식을 들은 부처님께서는 수행자들을 이렇게 가르치셨다.

"모든 수행자들이여, 코끼리처럼 너희들도 스스로 번뇌의 늪에서
벗어나야 한다."

제328 게송

현명하고 품행이 좋은 벗을 얻으라.
이들과 함께 살면 편안하고 어려움을 벗어나리라.

제329 계송

좋은 벗을 찾지 못하면
코끼리가 숲에서 홀로 살듯이
숲 속에 사는 코끼리처럼 홀로 살아라.

제330 계송

수행자는 혼자 살아도 즐겁다.
어리석은 벗과는 살지 말라.
숲 속의 코끼리처럼 욕심 없이 살아라.

∴● 부처님께서 빨리레이야까 숲에 계실 때 한 말씀이다.
계율을 중시하는 수행자들과 교리를 중시하는 수행자들이 서로 화합
하지 못하여 싸움을 계속하고 있었다. 부처님께서 다투지 말라고 타
일렀으나 듣지 않았다. 부처님께서는 이들을 두고 빨리레이야까 숲으
로 갔다. 이때 부처님을 따라온 두 파의 수행자들에게 하신 말씀이다.
　"좋은 벗과 함께 살아라. 그렇지 않으면, 홀로 사는 것이 훨씬 더
좋으니라."

착한 벗을 가짐은 좋은 일이다.

좋은 친구는 즐거움과 기쁨을 나눈다.

깨치고 베풀면 편하게 살 수 있으리라.

부모님을 존경하고 받들면 즐거우리라.

부처님과 수행자를 보살피면 즐거우리라.

진리를 깨치고 덕행을 베풀면 즐거우리라.

늙어서 종교를 믿으면 즐거우리라.

종교의 신심이 두터워지면 즐거우리라.

진리와 지혜를 얻고 선행을 하면 즐거우리라.

∴ 부처님께서 히말라야 수행처에 계실 때 하신 말씀이다.

어떤 정상배(정치판 뚜쟁이)가 부처님을 유혹하여 나라의 독재 왕을 물리치고, 착한 왕이 되라고 권했다. 부처님께서는 그의 권유에 대해 이렇게 대답했다.

"너는 나와 그런 것을 상의할 사람이 아니다. 너는 나의 마음을 알지 못하느니라."

제24장

갈애와 집착은
생각을 막는다

제334 게송

정념(알아차림)수행을 하지 않으면
아만과 욕망과 애착심이 자라나니,
숲 속의 원숭이처럼 방황하게 된다.

제335 게송

사람이 감각적 쾌락의 욕망에 빠지면
그 과보-업보는 아픔으로 나타난다.
마치 비를 맞은 잡초와 같이 자란다.

제336 게송

감각적 욕망을 잘 다스리는 사람은

슬픔과 괴로움의 고통에서 벗어난다.

마치 흙탕 연못에서 연꽃이 피듯이.

제337 게송

성자는 항상 중생을 위해 가르친다.

감각적 쾌락의 욕망을 뿌리째 뽑아라.

마치 악마 같은 무서운 욕망도 달아난다.

∴ 부처님께서 기원정사에 계실 때 설한 게송이다.

소다나 형과 까뻴라 동생은 수행자였다. 형은 참선에 정진했고, 동생은 삼장공부를 했다. 동생은 많은 지식을 얻었지만 교만한 학자가 되었다. 형은 깨침을 얻어 마음이 열려서 존경을 받았다. 형제가 같은 수행처에서 수행했지만 결과를 보면 형은 수행에 성공했고, 동생의 공부는 실패했다.

제338 게송

나무의 뿌리에서 새싹이 생겨난다.
사람의 욕망은 고통의 씨앗이 된다.

제339 게송

쾌락의 욕망을 없애지 않으면,
욕망에서 무서운 정욕이 생긴다.

제340 게송

욕망의 힘은 육근(六根)에서 생겨나
육경(六境)으로 뻗어갈 것이다.

제341 게송

사람의 욕망은 만족을 채우려하고
쾌락을 만족인 줄로 착각하게 된다.

제342 게송

사람이 욕망으로 정신을 잃으면
한량없는 고통의 삶을 살게 된다.

제343 게송

사람이 욕망으로 정신을 잃으면
욕망의 뿌리를 찾아서 없애야 한다.

∴ 부처님께서 죽림정사 수행처에 계실 때 하신 말씀이다.

수행자는 깜마(業藏=自業自得)의 진리를 알아야 한다. 자기가 매일 짓는 업행의 중요성을 알아차려야 한다. 모든 업행은 자기의 일생과 자손의 운명에 영향을 준다.

육근은 여섯 가지 욕망의 뿌리이니, 눈, 귀, 코, 혀, 몸, 생각이다. 육경은 육근이 인식하는 대경(對境)이니, 색성향미촉법(色聲香味觸法)이다. 육근과 육경은 사람 인식의 전부이니, 합쳐서 12처가 되어 세상의 전부를 지칭하게 된다.

제344 게송

욕망을 향해 숲을 떠난 수행자가
다시 수행의 숲으로 되돌아왔다.
모든 수행자는 '와서, 보고, 깨쳐라!'
욕망의 허무함을 깨친 그가 되돌아왔구나!

인간 붓다의 가르침 담마파다

∴ 부처님께서 죽림정사 수행처에 계실 때 한 말씀이다.

마하 가섭존자의 제자였던 한 수행자가 도적들과 친구로 사귀다가, 자기도 모르게 도적이 되었다. 그가 사형장에서 목이 잘릴 장소에 앉아 있는 것을 가섭이 보고, "너는 부처님께서 가르친 정념수행법을 알지 않느냐! 지금 그 수행을 해서 죽으면서도 본래의 마음을 알아차려라!"

사형장에 앉은 그는 수행을 해서 곧바로 제4 선정을 얻었다. 불에 달군 칼을 든 집행관이 그의 태연한 모습을 왕에게 보고했다. 왕은 그를 특별사면 하여, 풀어 주었다. 이 소식을 보고받은 부처님께서 말씀하신 게송이다.

제345 게송

현자는 쇠사슬의 얽매임보다는
아내와 자식, 재산과 명예에 얽매임이
사람을 더 강하게 얽매이게 한다고 말한다.

제346 게송

사람을 얽매이게 하는 것은 너무 많다.

수를 헤아릴 수 없을 만큼 욕망은 많다.

현자는 욕망을 버리고 자유와 만족을 얻는다.

∴ 부처님께서 기원정사에 계실 때 한 말씀이다.

수행자들이 탁발을 하려고 성 안으로 들어갔을 때, 많은 죄수들의 손
과 발이 쇠사슬에 묶인 것을 보았다. 이 광경을 부처님께 아뢰었다.

"인간에게 쇠사슬보다 더 강한 얽매임이 있습니까?"

부처님의 대답은 이러하였다.

"사람들은 자식 낳기를 원하고, 재산을 원하고, 명예를 원하고, 먹
을 것과 옷과 집을 원하고, 오래오래 살기를 원한다. 원하는 것이 너
무 많아서 그 얽매임은 쇠사슬보다도 더 강하다. 현명한 사람은 수행
을 닦아서, 모든 욕망에서 벗어난다. 욕심과 번뇌를 벗어나면 해탈열
반을 얻어서 대자유인이 된다."

제347 계송

사람은 정욕과 많은 욕망에 빠져 있다.

마치 거미가 스스로 만든 줄 속에만 살듯이.

수행을 한 깨친 사람은 모든 욕망에서 벗어나

고통-고민-고생의 삶을 떠나서 자유롭게 산다.

∴ 부처님께서 죽림정사 수행처에 계실 때 하신 말씀이다.

마가다국 빔비사라 왕의 왕비 케마는 미인이었다. 왕비는 자기가 미인이라는 생각에 빠져서 교만했다. 왕의 권유로 부처님의 수행처에 가서 설법을 들었다.

"사람은 사대오온(四大五蘊=地水火風-色受想行識)이니, 물질인 몸은 질병과 더러움이 모인 가죽 주머니이다. 어리석은 사람들은 육신에 집착하여, 육신을 사랑한다."

이 설법을 듣고, 교만하던 왕비는 깨쳐서 아라한이 되었다.

제348 계송

사람은 오온(五蘊=色受想行識)으로 쌓인

업장(業障-나쁜 업행)을 버려야 한다.

나쁜 업장을 버리면, 착한 업장(業藏)만 남아서

자신과 자손들 모두가 만족(열반)한 삶을 살게 된다.

∴ 부처님께서 죽림정사 수행처에 계실 때 설한 말씀이다.

부호의 아들 육가세나는 곡예사인 미녀와 결혼했다. 곡예단의 주인인 장인은 사위 육가세나에게 모든 곡예를 가르쳤다. 옥가세나와 아내는 부처님의 가르침(業障을 버림)을 받고, 인간의 선업업장(善業業藏)은 인생의 생노병사(生老病死)를 초월한다는 진리를 깨쳐서 모두 아라한이 되었다.

제349 게송

정욕으로 생기는 쾌락을 마음에 두면

그런 욕망은 점점 더 자라나게 되니,

스스로 자기의 삶이 얽히게 된다.

인간 붓다의 가르침 담마파다

제350 게송

수행자는 감각적인 쾌락을 다스리고,

마음을 바르게 알아차리게 되면

인생의 허무함을 물리치게 된다.

∴ 이 게송은 활 쏘는 기술이 뛰어난 궁수(弓手) 이야기에서 유래했다.

한 수행자가 활을 잘 쏘는 궁수였는데, 그가 탁발하다가 예쁜 처녀와 눈이 맞았다. 두 사람은 여러 달 동안 자주 만나게 되었다. 그런데 그 처녀는 눈에 맞으면, 다른 남자와도 곧 정을 통했다. 처녀가 남자를 바꿀 때마다 한 남자는 죽음을 당했다. 부처님께서 이 소문을 듣고, 그 궁수(수행자)에게 한 말씀이다.

제351 게송

라훌라는 아라한의 경지에 이른 성자이다.

성자란 두려움과 욕망과 번뇌에서 벗어났다.

그에게 장난을 쳐도 아무런 재미를 느끼지 못한다.

제352 게송

욕망으로부터 벗어난 아라한은 집착이 없다.
아라한에 이른 성자는 여러 지혜를 얻었다.
성자는 큰 지혜를 깨쳐 수행자의 삶을 산다.

∴ 한 장난꾸러기가 부처님의 아들 라훌라를 놀래주려고, 잠을 자고 있는 라훌라의 몸을 누르고 큰 소리를 쳤다. 이때 부처님께서 아시고 장난치는 그에게 헛된 짓을 하지 말라고 했다.

"성자가 된 아라한에게는 나쁜 장난을 해도, 그는 아무런 괴로움도 느끼지 않는다."

제353 게송

최상의 진리를 깨친 수행자는
모든 고행을 겪으면서 스스로 진리를 깨쳤다.
깨침을 얻으면 모든 번뇌와 욕망을 벗어난다.
근본진리를 깨친 수행자에게는 스승이 필요 없다.

∴ 부처님께서 아란야(수행처)에서 깨침을 얻고 나서 며칠이 지나자 '내가 깨친 것을 혼자 즐기고 있다면 아무 가치도 없고, 깨친 이유도 없다'고 생각했다. '나를 보호해 주던 다섯 수행자들에게 나의 깨침을 전해야겠다.' 부처님께서는 다섯 수행자를 찾아갔다. 이곳에서 다른 종교를 믿는 수행자 우빠까를 만났다.

그는 부처님께 "당신은 어느 스승의 가르침을 받느냐?"고 물었다.

부처님의 답 : "스스로 깨침을 얻으면 스승이 필요 없다."

제354 게송

중생을 가르치는 데는 '진리 설법'이 으뜸이요,
삶의 맛을 느끼는 데는 '진리의 맛'이 으뜸이요,
즐거움을 얻는 데는 '진리의 즐거움'이 으뜸이요,
욕심을 버리는 데는 '탈삼독(탐진치)'이 으뜸이요,
고통을 버리는 데는 '사성제(고집멸도)'가 으뜸이요,
진리를 깨치는 데는 '무아무상─연기생멸'이 으뜸이다.

∴ 부처님의 가르침이 이웃나라에 널리 알려졌을 때, 많은 선지식들이 찾아와서, 몇 가지 으뜸 질문을 했다.

1. 맛 가운데 으뜸은 무엇이요?

2. 베풂 가운데 으뜸은 무엇이요?

3. 즐거움 가운데 으뜸은 무엇이요?

4. 욕망을 없애는데 으뜸은 무엇이요?

5. 고통을 없애는데 으뜸은 무엇이요?

6. 진리를 깨치는데 으뜸은 무엇이요?

부처님의 답을 들은 선지식들은 부처님의 설법에 빠짐없이 참석하였다.

제355 게송

어리석은 사람은 재산에만 몰두한다.

진리 깨침이 자유와 평화와 만족임을 모른다.

재산은 사람을 어리석게 만들어

자기와 많은 사람을 고생으로 살게 한다.

∴ 이 게송은 자녀가 없는 부호의 이야기에서 유래했다.

코살라 국의 아뿟따가란 부호는 자식이 없었다. 그가 죽자 그의 재산은 국왕의 궁궐로 들어갔다. 죽은 부호는 생전에 아주 인색하게 살았다. 국왕은 부호의 삶에 대해 부처님께 여쭈었다.

"부호의 재물은 나라의 재산이 되었습니다. 부처님께서는 그의 삶을 어떻게 보십니까?"

부처님께서 대답했다.

"어리석은 사람은 열반의 만족과 평안함을 이루지 못합니다. 그는 재산을 위해 욕심만 키우며 살았습니다."

제356 게송

욕심은 인생을 망친다.
욕심을 벗어나면 자유를 얻어 편히 산다.

제357 게송

화를 일으키면 생활은 괴롭다.
화를 내지 않아야 마음이 편해진다.

어리석음은 자신을 망친다.

공부하고 수행하면 현명하게 산다.

욕심과 성냄과 무명(無明)은 중생의 삶을 망친다.

탐욕(貪慾)과 진에(瞋恚)와 우치(愚痴)를 삼독(三毒)이라 한다.

탈삼독 수행은 모든 고통에서 벗어날 수 있다.

알아차림 수행을 하면 탈삼독이 이루어진다.

∴ 부처님께서 설법으로 대중에게 말씀하셨다.

"수행자는 자기보다 남을 먼저 생각하라. 깨친 사람을 알아보는 눈이 열린다. 탈삼독 수행(알아차림)을 하라. 자기를 알아차리면 진리를 본다. 자기를 깨치면 세상을 안다. 우주의 본성을 깨치면 성도이고, 해탈열반이다."

제25장

수행자는
자기를 잘 다스린다

제360 게송

수행자는 여섯 가지를 잘 다스려야 한다.
눈으로 보는 것, 귀로 듣는 것,
코로 냄새를 맡는 것, 혀로 맛을 보는 것,
몸으로 느끼는 것, 생각하는 것들이다.

제361 게송

수행자는 생각과 말과 행동을 착하게 해야 한다.
생각은 진리에 따르고, 남을 먼저 생각해야 한다.
말은 진리의 말을 하고, 행동은 진리에 따라야 한다.
진리에 따라 생각하고 말하고 행동하면 해탈열반이다.

∴ 부처님께서 아란야 숲에서 고행할 때 경호를 했던 다섯 수행자
가 모두 깨쳐서 아라한이 되었다. 이들이 가끔 모여서 토론을 했는
데, 사람의 여섯 감각 중에 어느 것이 제일 중요한지를 부처님께 여
쭈었다. 부처님께서는 "여섯 감각은 모두가 중요하다. 깨친 이는 모
든 감각을 잘 다스려야 한다"고 가르치셨다.

제362 게송

수행자는 자기의 몸을 잘 다스리고
말과 행동을 계율에 따라야 한다.
마음을 관찰하며 수행에 정진하여
만족을 얻는 자를 수행자라 한다.

∴ 한 수행자가 작은 돌을 잘 던져서 하늘에 날아가는 새를 맞추어 잡는다고 자랑했다. 이를 부처님께 아뢰자 부처님께서는 돌을 던서 새를 잡는 수행자를 불러서 꾸짖었다.

"수행자는 생명을 함부로 죽이면 안된다. 계율을 지키는 것이 바른 수행이다."

제363 게송

수행자는 말을 함부로 하지 말고,
마음을 항상 고요히 유지하여
붓다 말씀의 깊은 뜻을 가슴 깊이 새겨
중생에게 설법하면 모두가 즐거워하리라.

∴ 말하기를 좋아하는 꼬깔리까 비구가 부처님의 제자인 사리불과 목건련을 자주 비방하였다. 그의 품행이 좋지 않다는 말을 듣고 부처님께서는 그를 타일렀다.

"수행자는 입을 함부로 열어 말을 많이 하지 말라. 항상 고요한 마음가짐으로 수행해야 한다."

제364 게송

수행자는 진제에 머물러 깨침의 기쁨을 얻도록
항상 진제에 마음을 두고 수행을 하여라.
진리의 뜻을 깨쳐서 진리에 따라 살면
진리의 경계에 머물게 될 것이다.

∴ 담마라마 수행자는 부처님께서 4개월 뒤에 대열반에 드신다고 하니 다른 수행자와 어울리지 않고, 혼자서 진리를 깨치려고 열심히 수행을 하여 부처님께서 열반하시기 전에 아라한과를 성취하였다. 그리하여 다른 수행자들은 그가 혼자서 무엇을 했는지를 몰라서 궁금하게 여겼다.

"수행자가 존경하는 사람을 진실로 공경한다면 향과 꽃을 올리지 말고 담마라마처럼 진리를 깨치는 것이 옳다"고 부처님께서는 그를 칭찬했다.

진제(眞諦) : 진리 경계, 저 언덕이다.

속제(俗諦) : 인간 경계, 이 언덕이다.

제365 게송

수행자는 자기가 가진 것에 만족하여라.

남들이 많은 것을 가져도 탐내지 말라.

남이 가진 것을 탐내면

깨침의 수행을 잘 이룰 수 없다.

제366 게송

수행자는 자기의 능력을 바로 알고
자기가 가진 것에 만족하면
많은 성인들도 칭찬할 것이다.
검소하게 살며 부지런히 수행하여라.

∴ 한 수행자가 부처님의 가르침을 배반한 다른 수행자를 찾아다니며, 그와 자주 만나서 호화로운 생활에 빠졌다. 이를 알게 된 부처님께서는 그를 불러서 꾸짖었다.

"남이 가진 것에 유혹을 느끼지 말라. 내가 가진 것이 작게 보여도 그것에 만족해야 한다. 욕심을 내어 많은 것을 얻고자 해도 세상의 모든 것을 얻을 수는 없다. 부지런히 수행하면 만족을 얻는 삶이 올 것이다."

인간 붓다의 가르침 담마파다

제367 게송

수행자는 자기 몸과 마음을 항상 살펴본다.

수행자는 '나', '나의 것'에 집착하지 않는다.

세상과 모든 것이 영원히 존재하지 않는다는

진리를 깨친 수행자를 진정한 수행자라고 부른다.

∴ 이 게송은 한 브라만교 신도인 농부의 이야기에서 유래했다.
한 농부는 수확을 할 때 제일 먼저 수확하는 곡식으로 지은 밥을 탁
발 수행자들에게 주는 것을 생활습관으로 삼았다.

어느 날 부처님께서 자기 집 앞에 탁발을 하려고 왔을 때, 그의 아
내가 "오늘은 그냥 돌아가세요"라고 했다.

남편인 농부가 이를 알고, 아내를 꾸짖었다.

"왕자이시고 성자이신 분에게 그렇게 말하지 말라. 그분의 수행자
들은 물질과 비물질에 집착하지 않는다. 그런 사람을 진정한 수행자
라고 가르치시는 분이시다."

제368 게송

수행자가 선정(알아차림)에 이르러

진리를 느끼는 기쁨을 얻으면

모든 번뇌-망상-애착을 버리고 편안하리라.

제369 게송

수행자가 자기 몸을 깨끗이 하면 삶을 순조롭게 할 수 있으니

욕망과 성냄과 어리석음을 떠나 열반에 이른다.

제370 게송

다섯 가지 욕망(五欲)을 버리고,

다섯 가지 힘(五力)을 얻으면,

수행자는 생사를 잊는 열반을 누리리라.

인간 붓다의 가르침 담마파다

제371 계송

수행자는 수행을 닦아야 한다.
수행도 고행을 느끼지만 이기고 나면,
괴로움과 고통을 바르게 깨친다.

제372 계송

지혜가 부족하면 깨침을 얻기가 어렵다.
알아차림 수행으로 지혜를 얻으면
열반의 기쁨을 누릴 것이다.

제373 계송

수행자는 고요한 곳에서 수행하라. 마음의 평안을 얻고,
선정(三昧)에 들어서 진정한 진리의 뜻을 알게 되리라.

제374 게송

몸과 마음에서 생기고 사라짐을 보면,

기쁨과 만족을 느낄 수 있으니,

죽음도 잊고, 지혜를 얻으리라.

제375 게송

수행자의 생활은 바르게 삶이니,
쾌락을 떠나고 만족을 느끼며
계율에 따라 청정하게 살리라.

제376 게송

착한 벗을 많이 사귀어라.
바르게 살고 진리의 지혜를 가지면
즐거움을 얻고 고통은 사라질 것이다.

오욕(五欲): 진리와 자기를 모름, 계율을 안 지킴, 귀신에 제사 지냄, 쾌락의
욕망, 탐진치에 얽매임. 이를 수행하여 이기는 힘이 오력(五力)이다.

제377 게송

아름다운 꽃이 시들면 나무에서 떨어지듯
수행자는 욕망-성냄-무명에서 벗어나야 한다.
깨침을 이루면 고통의 삶에서 벗어나리라.

∴ 부처님께서 기원정사에 계실 때 하신 말씀이다. 500 수행자들이
수행 화두를 받아서 아란야 숲 속에서 수행에 정진하여 모두 아라한
에 이르렀다.

재스민 꽃이 시들어 떨어지면 다시 나무에 되붙을 수 없듯이 수행
자가 번뇌, 망상, 집착에서 벗어나면 그는 생사를 깨친 열반만족의
삶을 누리리라.

제378 게송

수행자는 조용히 걸으며,
고요한 곳에서 수행을 하여라.
모든 수행자는 진리를 깨치리라.

∴ 성자께서 기원정사에 계실 때 하신 말씀이다.

"수행자는 산타까야와 같이 행동을 조용히 하고, 침착하며, 정중하여야 하니 그는 모범 수행자이다."

제379 게송

수행자는 스스로 자신을 훈계하고 점검하라.
이런 방법으로 자신을 보호하고 지도하라.
마음을 '바르게 알아차림' 하여라.
이런 수행자는 만족하게 살리라.

제380 게송

수행자는 자기를 살피고 의지해야 한다.
자기야말로 자기의 의지처이다.
자기가 안락처이고 의지처이니,
자기를 잘 보호하고 보살펴라.

∴　머슴살이를 하던 난갈라가 수행자가 되었다. 세상이 그리울 때면 자기가 쓰던 농기구를 만져보며 자신의 과거를 되돌아보면서 스스로를 훈계하였다. 부처님께서는 그를 가리켜, "난갈라는 자신을 돌아보면서 지금의 자기를 훈계하는 훌륭한 수행자다"라고 말씀하셨다. 자기를 스스로 훈계하고 의지하는 것이 자등명(自燈明)이다.

제381 게송

수행자로서 진리의 가르침에 대해
깊은 신심을 가지고 기쁨을 느끼면
진리의 경계에서 열반의 삶을 이루어
속제의 고생을 이기고 만족한 삶을 누리리라.

∴　브라만교를 믿었던 박칼리는 붓다의 성스러운 모습을 보고 온 마음으로 존경하며 붓다를 보는 것만으로도 기쁨을 누렸다. 부처님께서 이를 아시고, 올바른 가르침을 설명해 주셨다.

"박칼리여! 나의 몸은 더러운 것으로 차있는 것이다. 나의 성스러운 가르침을 배우고, 받들고, 지녀야 한다. 기쁨과 만족을 느끼는 박칼리여, 내가 가르치는 진리를 깨치면 편안한 마음으로 진리의 경계에 이르니, 곧 고요한 삶과 만족한 삶을 누리게 되리라."

나이가 어린 수행자도 바르게 수행하면

우주와 세상의 진리를 깨칠 수 있다.

마치 달이 구름을 벗어나면,

세상을 낮과 같이 밝혀주듯이.

∴ 부처님께서 미래의 성자가 될 어린 수행자를 수기(授記: 미래에 부처가 된다는 예언)하셨다.

나이 어린 수마나는 천재적 재능을 가지고 있었다. 부처님께서는 여러 수행자들에게 이렇게 말씀하셨다.

"수행자들이여! 나이가 어린 수행자라도 바르게 수행하면 탐진치 삼독을 여의고 깨침을 얻어 열반(만족)을 누리리라."

제26장

깨친 이는 '브라흐마나'

제383 게송

수행을 통하여 욕망을 끊어라.

욕망이 이끄는 쾌락도 자제하라.

우리의 몸은 언젠가 사라질 것이니

열반(自覺德行=現實滿足)을 누리면

이런 수행자를 '브라흐마나'라 했다.

∴ 부처님께서 기원정사에 계실 때, 어느 브라만 교인이 부처님의 설법을 듣고, 많은 수행자들을 초청하여 공양을 베풀었다. 아라한이 되지 못한 수행자들은 너무 존경스런 말을 하는 브라만 교인이 자기들을 조롱하는 줄 알고 초청을 거부하였다.

부처님께서는 "수행자는 존경을 거부하지 말라. 존경을 받을 행동과 생활을 철저히 하라"고 가르치셨다.

부처님도 가끔 깨친 자를 '브라흐마나'라 불렀다. 불교가 생긴 초기에는 깨친 이를 브라흐마나라 했다. 이해를 돕기 위해, '브라흐마나와 아라한'을 동의어로 썼다.

인간 붓다의 가르침 담마파다

제384 게송

수행자는 생각 멈춤 또는 알아차림 수행을 하라.

어느 수행이든지 마음이 속제에서 진제로 넘어가면,

수행자는 모든 얽매임에서 벗어났음을 깨치게 된다.

진리 깨침은 진제(진리 경계)에서 얻을 수 있다.

∴ 부처님께서 기원정사에 계실 때 하신 말씀이다. 지방에서 30명의 수행자들이 와서 여쭈었다. 부처님께서는 주로 두 가지 수행법을 가르치는데, 두 가지 수행을 요약해서 가르쳐 주시었다. 그것은 사마타-Samatha와 위빠사나-Vipassana였다.

사마타는 생각을 멈추는 수행(正定수행), 위빠싸나는 마음으로 보는 수행(觀法수행)이다. 두 가지 수행법을 따르면서 마음이 생각을 멈추면, 진제에 있는 순수한 마음은 진리를 깨칠 수 있다.

제385 계송

깨친 수행자에게는 이 언덕도 저 언덕도 없다.
모든 욕망과 집착과 번뇌도 생기지 않는다.
이런 경지에서 오직 진리 따라 사는 수행자를
나는 브라흐마나(아라한)라 부르니라.

∴ 부처님께서 기원정사에 계실 때 하신 말씀이다.
어떤 남자가 부처님의 숨은 뜻을 알아보려고 '빠랑=Param', '아빠랑
=Aparam'이 무어냐고 물었다. 빠랑이란 '저 언덕에 이르렀다'는 말이
고, 아빠랑이란 '저 언덕에 이르지 못했다'는 말이다.

이에 대해 부처님께서는 "너는 왜 쓸데없는 것을 묻고 다니느냐?"
하셨다.

제386 계송

아라한들을 브라흐만(불멸의 최고계급)이라고 부른 것은
수행자가 깨침을 얻어서 해탈열반을 누리는 아라한만을
나는 브라흐마나라고 부르니라.

인간 붓다의 가르침 담마파다

∴ 부처님께서 기원정사에 계실 때 하신 말씀이다.

어느 브라흐민(사제급 바라문)이 부처님을 찾아와서, "부처님께서 아라한들을 브라흐만이라고 부르시니, 나도 브라흐만이라고 불러야 하지 않느냐?"라고 물었다. 이에 부처님께서는 위 게송과 같이 대답하셨다. 이 바르흐민은 수행하여 깨침을 얻었다.

브라흐마남(Brahmanam) : 힌두교의 신(창조신 = 梵天 = 태양신)

브라흐마나 : 진리를 깨친 바라문—아라한(신격화된 사제계급)

브라흐민—브라흐미니 : 브라만교를 수행하는 바라문의 남녀 호칭.

제387 게송

해는 낮에만 빛이 나고
달은 밤에만 빛이 보인다.
왕과 무사는 옷에서 빛이 나고
아라한은 깊은 선정에 들면 빛이 난다.
붓다의 몸에서는 밤낮 없이 오색 빛이 난다.

∴ 부처님께서 뿝빠라마 수행처에 계실 때 하신 말씀이다.

아난다 시자가 해와 달, 깨친 깔루다이 수행자의 몸에서 밝은 빛이
나는 것을 보고 놀랐다. 그리고 붓다의 몸에서 나오는 빛을 보면서
감탄했다. 부처님 몸의 빛은 밤낮으로 찬란했다.

제388 게송

브라흐만은 악행을 하지 않고,
'알아차림 수행'을 하는 수행자이다.
순수하고 깨끗한 생각과 행동을 위해
집을 떠나서 고행하는 자가 비구이다.

∴ 부처님께서 기원정사에 계실 때 하신 말씀이다.

한 브라흐민이 찾아와서, "나도 집을 떠나서 숲속에서 고행을 하니
비구가 아니냐?"고 물었다.

부처님의 대답은 이러했다. "그대가 말하는 이유로 나의 제자들을
비구라고 부르지 않는다. 비구는 악행을 하지 않고 청정한 생각과 행
동을 하는 순수한 삶을 위해서 가정을 떠나서 수행에만 정진하는 수
행자들이다."

인간 붓다의 가르침 담마파다

제389 게송

누구든지 수행자를 때리면 안된다.

수행자를 때린 것은 좋지 않는 일이다.

자기를 때린 자가 참회하도록 화를 내지 말라.

제390 게송

수행자는 자기 마음에 화를 내면 안된다.

수행자는 남에게 맞았어도 화를 내지 말라.

죄 없이 맞은 고통은 곧 사라질 것이다.

∴ 부처님께서 기원정사에 계실 때 하신 말씀이다.

사리불 제자는 남이 자기를 때려도 화를 내지 않았다. 한 브라흐민이

"내가 때리면 화를 낼 것이라"고 장담했다. 그러나 때려도 화를 내지

않자, 그 브라흐민은 사리불에게 용서를 구하고 자기 집으로 모셔서,

공양을 잘 해주었다. 부처님께서는 이를 아시고, 위 게송과 같이 말

씀하셨다.

나의 양어머니 빠자빠띠는

몸과 마음으로 악행을 행치 않고

삼학(三學: 戒定慧)을 잘 지키니

그런 사람을 나는 브라흐만이라 한다.

∴ 부처님께서 기원정사에 계실 때 하신 말씀이다. 부처님께 젖을 먹여 키운 양어머니 빠자빠띠 왕비는 성자(붓다)의 아버지 숫도다나 왕이 죽자, 자진하여 머리를 깎고 첫 비구니 수행자가 되었다. 부처님께서 직접 지은 여덟 가지 계율을 지키고 몸과 말과 마음을 잘 다스리는 브라흐만이 되었다.

이때 여러 비구들이 부처님께 진언했다.

"성자의 양어머니는 은사와 계사도 없고 계율을 지키겠다는 절차도 받지 않았으니 비구니라고 부를 수 없습니다."

이 말을 듣고, 부처님께서는 "내가 직접 여덟 가지 계율을 짓고 그들(왕궁에 있던 500명의 여인들)이 계율을 지키겠다고 약속했으니 은사와 계사가 바로 나이다"라고 해명하셨다.

깨친 아라한을 당시엔 '브라흐만'이라고 불렀다.

모든 수행자는 바른 진리(正法)를 배웠으면,

자기 스승을 존경하는 예배(절)를 올려라.

마치 제사를 예배로 아는 브라흐만이

불(太陽神)을 향해 매일 예배하듯이.

∴ 부처님께서 사리불과 목건련 제자를 만난 사연이다.

두 제자는 산자냐(회의론자)의 으뜸가는 제자였다. 그들은 '고통에서 벗어나는 수행법'을 찾고 있었다. 부처님의 5비구(최초로 깨친 제자) 중 한 분인 앗사지 제자를 만나서, 부처님께서 '고집멸도(苦集滅道) 수행법'을 가르친다고 들었다. 사리불과 목건련은 부처님을 찾아와서 사성제(四聖諦)를 깨쳤다.

그 후에도 두 제자는 매일 '앗사지 스승'이 계시는 곳을 향해서 여섯 방향으로 예배(절)를 올리는 모범 수행자가 되었다. 두 분은 250명의 동행자들과 함께 붓다의 큰 제자가 되었다.

제393 게송

여래는 출생가문과 출생신분에 따라
'브라흐만'이라고 부르지 않는다.
오직 진리를 깨치고 정법의 삶을 살며,
깨끗한 마음을 가진 자를 브라흐만이라 부른다.

∴ 부처님께서 기원정사에 계실 때 하신 말씀이다. 고행으로 모습이 추해진 한 브라흐민이 찾아와서 여쭈었다.

"부처님이시여, 나도 고행을 하니까 브라흐만이라 불러주세요."

부처님께서는 이렇게 대답했다.

"여래는 모습을 보고, 브라흐만이라 부르지 않는다. 오직 성스러운 진리(四聖諦)를 깨친 자를 브라흐만이라 부른다."

'브라흐만'은 깨친 자(아라한), '브라흐민'은 못 깨친 수행자이다.

제394 계송

세상에는 순진한 사람들을 속이는

사기꾼들이 많이 다니고 있다.

겉으로는 깨끗한 것처럼 보이지만

그런 사기꾼들은 욕심-번뇌에 빠져 있느니라.

∴ 부처님께서 웨살리 수행처에 계실 때 하신 말씀이다.

한 사기꾼 사나이가 동네 사람들에게 요구했다.

"나에게 많은 돈을 주지 않으면 이 마을이 신의 저주로 망하게 될 것이다."

이 말을 전해 듣고 부처님께서는 말씀하셨다.

"그 사기꾼은 여러 마을을 다니며 같은 거짓말을 하고, 순진한 사람들을 속여서 돈을 빼앗아 갔다. 세상에는 이런 사기꾼들이 많으니 속지 말아야 한다."

나의 제자인 끼사꼬마니는

훌륭한 수행자의 모습으로 산다.

그녀는 홀로 앉아 선정수행을 닦는다.

이런 수행자를 '브라흐만(아라한)'이라 한다.

∴ 부처님께서 죽림정사 수행처에 계실 때 하신 말씀이다.

끼사꼬마니라는 비구니 수행자의 수행생활을 많은 사람들에게 설명하신 글이다. "그녀는 누더기 옷을 입고 나무 밑이나 동굴에서 참선수행을 하면서 진리를 깨쳐서, 편하고 깨끗한 마음을 누리며 사는 수행자이다. 깨치고 편히 살면 세상의 걱정도 없고, 몸과 마음이 항상 만족을 누리고 사느니라."

이 글은 부처님께서 가르친 불교의 핵심 교리이다. 즉, 무아(無我)－무상(無常)－개고(皆苦)－연기생멸(緣起生滅)이란 불교의 근본진리를 한 수행자 삶의 모습을 예로 들면서 설명한 것이다.

제396 게송

깨친 수행자(브라흐만)인 부모에서 태어났다고
아무나 브라흐만(아라한)이라 부르지 않는다.
그러나 수행자가 무소유-탈삼독(無所有-脫三毒)하여 산다면
나는 브라흐만이라고 부른다.

∴ 부처님께서 기원정사에 계실 때 하신 말씀이다.
한 브라흐민(일반 수행자)이 찾아와서 "저의 부모가 브라흐만인데 저
도 브라흐만입니까?"하고 물었다. 이 물음에 대답한 부처님의 게송
이다.

제397 게송

깨침을 얻은 수행자는
모든 집착-애착에서 벗어난다.
일체에서 벗어나면 두려움도 없다.
번뇌와 망상을 벗고 자유를 누리는 사람
여래는 그를 브라흐만(아라한)이라 부른다.

∴ 부처님께서 죽림정사 수행처에 계실 때 하신 말씀이다.

부호의 아들 욱가세나는 유명한 곡예사였다. 그가 높은 장대 위에서 부처님 설법을 듣고 깨쳐서 곡예사 생활을 그만 두고 출가 수행자(비구)가 되었다. 다른 비구들은 그를 '가짜 비구'라는 의심을 가졌다. 부처님께서는 그렇지 않다고 말씀하셨다.

"누구나 청정한 마음으로 집착과 망상을 버리고 자유를 누리면 진정한 수행자이니라."(참고: 법구경 제348 게송)

사람은 오온(五蘊=色受想行識)으로 쌓인 업장(業障−나쁜 업행)을 버려야 한다. 나쁜 업장을 버리면, 착한 업장(業藏)만 남아서 자신과 자손들 모두가 만족(열반)한 삶을 살게 된다.

제398 계송

황소의 몸에 묶인 고삐는 쉽게 끊어지지만

수행자의 몸 안에 쌓인 탐진치 삼독은

평생 동안 없애려고 노력해도

쉽게 사라지지 않는다.

여래는 삼독을 끊은

수행자를 아라한이라 한다.

∴ 부처님께서 기원정사에 계실 때 하신 말씀이다.

두 브라흐민이 자기 황소의 힘 싸움을 벌였다. 두 황소의 싸움은 가죽 끈이 끊어져서 승패 없이 무산되고 말았다. 이 소식을 들은 부처님께서는 이렇게 말씀하셨다.

"황소의 몸에 두른 가죽 끈은 잘 끊어지지만, 수행자의 마음속에 있는 탐진치(貪瞋痴=욕심-성냄-무명)의 끈은 끊기가 쉽지 않다. 고집멸도(苦集滅道)를 수행하는 길은 탈삼독(脫三毒) 수행이니, 각자에 맞는 참선수행을 평생 동안 끊임없이 열심히 해야 하느니라."

제399 게송

아내에게 욕을 잘 하던 사람도
부처님의 '화를 내지 말라'는
한 마디 가르침으로 수행하여
아라한(브라흐만)이 되었다.

∴ 부처님께서 기원정사에 계실 때 설한 말씀이다.

바랏와자라는 욕을 잘하는 브라흐민이었다. 그는 부처님의 가르침을 열심히 외우고 수행하는 아내에게 항상 욕설을 했다. 그러다가 부처님께도 욕설을 하려고 갔다. 그러나, 부처님 앞에서는 욕설은 하지 못하고, 이렇게 말했다.

"인간은 무엇을 부수어야 초연하고 편안하게 살 수 있습니까?"

부처님께서는 이렇게 대답하셨다.

"화를 내지 말라. 화를 내지 않으면 편안하게 살 수 있느니라."

이 말을 듣고 욕설을 잘하던 그는 붓다의 수행자가 되어 아라한이 되었다.

제400 게송

수행자는 성을 내지 않는다.
수행자는 계행을 항상 지킨다.
수행자는 일기인생(一期人生)을 깨친다.
이런 사람을 아라한이라 한다.

인간 붓다의 가르침 담마파다

∴ 부처님께서 죽림정사 수행처에 계실 때 하신 말씀이다.

사리불 제자가 어머님 집에 가서 탁발을 했다. 어머니는 탁발하는 아들을 보면서 욕설을 했다. 어머니는 같이 온 비구들에게도 욕설을 했다. 사리불의 시자인 라훌라에게도 욕설을 했다.

부처님께서 라훌라에게 사리불의 태도를 물었다.

"사리불께서는 아무 말도 하지 않았습니다."

부처님께서는 "그렇다! 깨침을 얻은 수행자는 욕망을 버렸기 때문에 성을 내지 않는다."하셨다.

제401 게송

수행자는 쾌락의 감각을 자제한다.
마치 연꽃잎 위에 물방울이 없듯이
여래는 그런 수행자를 아라한이라 한다.

∴ 부처님께서 기원정사에 계실 때 하신 말씀이다.

이 게송은 웁빨라와나 여인을 겁탈한 조카 난다를 경책한 말씀이다.

"번뇌를 제거한 사람은 육체의 기쁨도 없고, 육체적 쾌락을 즐기지도 않는다. 연꽃잎에는 한 방울의 물도 붙어있지 않느니라. 번뇌를 완전히 제거한 아라한에게는 쾌락의 감정과 기쁨의 감각은 멀리 사라졌느니라."

제402 게송

> 깨친 수행자는 모든 고통에서 벗어난다.
> 사람의 다섯 요소(五蘊)를 벗어났으니,
> 모든 번뇌를 떨치고 자유인이 되었다.
> 여래는 이런 수행자를 아라한이라 한다.

∴ 부처님께서 기원정사에 계실 때 하신 말씀이다.

어느 브라흐민의 집에서 살던 한 노예가 붓다의 수행자가 되어서 아라한이 되었다. 그의 주인도 자기의 노예가 아라한이 된 것을 알고 붓다의 가르침을 받고 수행하여 아라한이 되었다. 누구든지 오온(色受想行識)을 벗어나면(無我 깨침) 모든 고통을 여의고, 열반(만족)의 삶을 살게 된다.

제403 게송

지혜가 깊은 수행자는
수행의 바른 길과 그릇된 길을 아는
지혜를 얻게 되니, 열반의 삶을 살게 된다.
열반의 경지에 이른 자를 아라한이라 부른다.

∴ 부처님께서 깃짜꾸마 수행처에 계실 때 하신 말씀이다.
지혜로운 케마 비구니는 지혜가 뛰어나서 붓다의 가르침을 받고 무
엇이 정법인지, 아닌지를 잘 분별하여 부처님의 훌륭한 불자(아라한)
가 되었다.

제404 게송

수행자는 스스로 속제에서 벗어나
오직 홀로 좌선 수행에만 정진한다.
홀로 수행하는 곳 중에는 토굴이 좋다.
수행자는 생명유지에 필요한 것만 취한다.
여래는 이런 수행자를 아라한이라 한다.

∴ 부처님께서 기원정사에 계실 때 하신 말씀이다. 부처님은 진리 깨침을 위해서 토굴로 들어가는 띳사 수행자를 헐뜯는 비구들을 경책하셨다.

"깨침수행에 전념하는 수행자는 거짓말을 안 한다. 여래의 제자는 자기를 비방해도 화를 내지 않는다. 수행자는 한적한 곳을 택하여, 만족의 삶을 사느니라."

제405 게송

수행자는 다른 생명을 괴롭히지 않는다.
수행자는 남을 해치는 일을 하지 않는다.
자기를 해치는 자에게 화를 내지도 않는다.
여래는 이런 수행자를 아라한이라 한다.

∴ 부처님께서 기원정사에 계실 때 하신 말씀이다.
한 수행자가 깊은 산길을 걷다가 도망친 아내를 찾던 한 사나이가 뒤를 따라 왔다. 수행자를 만나자 자기 아내를 깊은 산속까지 데리고 왔다고 소리치면서, 몽둥이로 때려서 심한 상처를 입혔다. 그러나 맞은 수행자는 성낸 마음을 내지 않았다고 한다.

제406 계송

수행자는 자기를 비방하는 사람을 용서하고,
자기에게 폭행을 한 사람을 웃음으로 대한다.
어떤 것에도 자기의 마음을 집착하지 않으면
여래는 그런 수행자를 아라한이라 한다.

∴ 부처님께서 기원정사에 계실 때 하신 말씀이다.
한 여인이 늙은 수행자들에게 공양하기를 바라면서, 남편에게 진리
를 깨친 아라한 네 분만 모셔오라고 했다. 남편은 정사에 가서 7살
어린 아라한들을 모시고 왔다. 그런데, 어린 아라한을 몰라본 그 여
인은 공양을 올리지 않았다.
   부처님의 말씀이다. "누구나 자기의 감정과 욕망을 다스리고, 남의
잘못을 용서하는 수행자를 나는 아라한이라 한다."

제407 게송

수행자에게는 욕심도 성냄도 없다.
아만도 거짓도 모두 버리고 없다.
오직 고요한 삶을 살아갈 뿐이다.
여래는 이런 사람을 아라한이라 한다.

∴ 부처님께서 죽림정사 수행처에 계실 때 하신 말씀이다.
마하빤타까 수행자는 비구가 되기 전에 아라한이 됐다. 그러나 그의
동생 쭐라빤타까는 둔해서 경을 외우지 못했다. 형이 동생을 수행처
에서 집으로 돌려보냈다. 이를 본 비구들이 부처님께 이를 아뢰었다.

부처님께서는 이렇게 대답하셨다.

"아라한은 성냄도 욕심도 없고, 번뇌와 망상도 없다. 마하빤타가가
동생을 집으로 돌려보낸 것은 동생을 편하게 하기 위해서였느니라."

수행자의 말씨는 순진하고 진솔하다.

사투리나 표준말이 문제가 되지 않는다.

악의가 아니고 따뜻한 마음의 표현이라면

아라한의 말이라고 볼 수 있느니라.

∴ 부처님께서 죽림정사 수행처에 계실 때 하신 말씀이다.

빨린다왓짜 수행자는 다른 수행자들에게 천한 말을 썼다. 여러 수행자들이 이를 붓다께 아뢰었다. 부처님은 그를 불러서 물어보았다. 그는 어릴 때부터 쓰던 말이 천하게 들린 것 같다고 했다.

부처님께서는 이렇게 말씀하셨다.

"빨린다와짜 수행자의 말은 듣기에 천할지는 몰라도 그의 다정한 마음씨는 악행이 아니고, 오히려 다정한 말이다. 사투리를 쓰는 사람이 어릴 때 쓰던 말은 듣기가 좋을 때도 있다."

제409 게송

수행자는 어떤 물건이든지
남의 물건을 함부로 갖지 않느니라.
여래는 그런 수행자를 아라한이라 한다.

∴ 부처님께서 기원정사에 계실 때 하신 말씀이다.
한 아라한이 길을 걷다가 헌 옷이 나무 가지에 걸린 것을 보고 '저 옷을 가져가서 가사를 기울 때 천으로 쓰면 좋겠다'고 생각해서, 가지고 갔다. 뒤에서 그 옷의 주인이 따라와서 "왜 남의 옷을 가지고 가느냐?"하고 물었다. 아라한은 버린 옷으로 알았다고 하면서 옷을 돌려주었다. 이를 다른 비구들이 부처님께 아뢰었다.

부처님의 말씀이다. "그 아라한은 사실을 말했다. 그 아라한은 악한 마음도, 욕심도 없는 수행자이다. 아무 것에도 애착을 갖지 않았느니라."

제410 계송

<hr>

수행자는 욕망과 집착을 버렸노라.

마을 여인이 공양하는 베풂의 공덕이

이루어지기를 바라는 마음뿐이었노라.

여래는 그런 수행자를 아라한이라 한다.

∴• 부처님께서 기원정사에 계실 때 하신 말씀이다. 제자 사리불 수
행자가 안거수행을 할 때, 어떤 마을 여인이 와서 안거수행이 끝날
때 수행자의 가사(옷)와 물품을 공양하겠다고 했다. 사리불 수행자가
다른 마을에 볼일을 보기 위해서 떠나려고 할 때, 다른 수행자에게
물품공양이 오면 알려달라고 말했다. 이를 오해한 수행자는 이 이야
기를 붓다께 사뢰었다. 부처님께서는 이렇게 대답하셨다.

"사리불 제자는 마을 여인들의 물품공양 공덕을 정성스런 일로 받
들어 말한 것이다. 수행자의 마음은 욕망과 번뇌와 망상과 집착을 버
렸노라."

목건련 수행자는 욕망을 버렸다.

여래가 깨친 사성제 진리도 깨쳤다.

열반을 얻어서 죽음 걱정도 없으니

여래는 그를 아라한이라 한다.

∴ 부처님께서 기원정사에 계실 때 하신 말씀이다.

몇몇 수행자들이 붓다께 이런 말을 전하였다. "마하목건련 수행자는 아직 물질적 소유욕이 있고 속제세상에 대한 집착과 애착이 있습니다."

부처님께서는 이들의 말을 듣고 이렇게 대답하셨다.

"수행자들이여, 목건련 수행자는 물질적, 정신적 욕망에서 벗어났느니라. 속제에 대한 집착도 없으니 여래는 그를 열반을 성취한 아라한이라고 부른다."

제412 게송

레와따 수행자는 선과 악을 벗어났다.

삶에서 얻는 괴로움과 슬픔도 버렸노라.

그는 청정한 마음으로 수행을 하니

여래는 그를 아라한이라 한다.

∴ 부처님께서 뿜빠라마 수행처에 계실 때 하신 말씀이다.

어느 수행자가 어린 레와따 사마네 수행자에 대해서 붓다께 사뢰었다. "그는 홀로 수행하면서 신도들로부터 많은 공양을 받아서 500명을 수용할 수 있는 수행처를 세웠습니다."

부처님께서는 이렇게 대답하셨다.

"여래의 아들 레와따는 욕망과 명예를 버렸노라. 나이는 어리지만 좋은 것과 나쁜 것, 괴로움과 즐거움을 모두 초월하였도다."

제413 게송

짠다바 수행자는 온갖 정성으로
전단향을 만들어 수행처에 공양했다.
순수한 그의 마음은 세상 괴로움을 떠났으니
여래는 그를 아라한이라 부른다.

∴ 부처님께서 기원정사에 계실 때 하신 말씀이다.
짠다바라는 수행자는 전단향을 만들어 붓다께 공양했다. 어진 공덕
으로 그는 붓다의 가르침을 받고 깨쳐서 아라한이 되었다.

제414 게송

수행자는 긴 고행을 거쳐서,
태어남과 죽음의 진리를 깨치고,
그는 속제를 벗어나 진제에 이르렀으니
갈망과 의심과 집착을 벗어났느니라.
나는 그를 아라한이라 부른다.

∴ 부처님께서 문다다나 수행처에 계실 때, 시왈리 수행자에 관해서 하신 말씀이다. "시왈리 수행자는 불선업으로 고통을 많이 받았으나 선업의 결과도 나타나서, 대중으로부터 공양을 많이 받기도 하였으며, 열반을 성취하였도다."

제415 게송

수행자는 감각적 쾌락을 물리치고
진리 깨침의 수행에만 정진하여
세상의 물질에 대한 욕망을 버리면
여래는 그를 아라한이라 한다.

∴ 부처님께서 기원정사에 계실 때 하신 말씀이다.

순다라 사뭇다라는 미남자가 붓다의 설법을 듣고 출가 수행자가 되었을 때, 쾌락을 일삼는 한 기생이 49가지 남자 유혹 방법으로 수행자를 유인했다.

아난다 시자가 부처님께 여쭈었다.

"미남 수행자와 기생의 싸움에서 누가 이기겠습니까?"

이때 순다라 사뭇다에게 붓다의 가르침이 떠올라서, 그는 갈망과 욕망으로부터 벗어나 아라한이 되었다.

인간 붓다의 가르침 담마파다

수행자는 세상에 대한 욕망을 버리고

진리 깨침을 위해 비구가 되어

오직 수행에만 정진하는 사람이다.

여래는 그런 수행자를 아라한이라 한다.

∴ 부처님께서 죽림정사 수행처에 계실 때 하신 말씀.

넓은 사탕수수 밭을 물려받은 조띠까와 자틸라 형제는 빈비사라 왕의 왕궁보다 더 큰 저택에 살았다. 그들은 큰 재산을 아내와 많은 사람들에게 나누어 주고 아무 것도 가진 것이 없는 수행자 비구가 되었다.

부처님께서는 이렇게 말씀하셨다.

"나의 제자인 조띠까와 자틸라는 재물을 아까워하지도 그리워하지도 않는다."

제417 게송

수행자는 인간 세상의 인연을 버린다.
세상의 모든 인연과 욕망을 벗어난다.
여래는 그런 수행자를 아라한이라 한다.

∴ 부처님께서 기원정사에 계실 때 하신 말씀이다.
무용수 출신인 나따뿟따까 수행자는 화려하고 인기가 높던 시절을
그리워하지 않고 붓다의 가르침을 얻어 아라한이 된 것을 기뻐했다.
여래는 "그가 진실을 말하는 아라한이 되었다"고 하셨다.

제418 게송

수행자는 좋은 것과 싫은 것이 없다.
감각적으로 얻고 싶은 것을 자제하고
세상을 있는 그대로 만족하게 느끼면
여래는 그를 아라한이 되었다고 한다.

인간 붓다의 가르침 담마파다

∴ 부처님께서 죽림정사 수행처에 계실 때 하신 말씀이다.

냐따뿟따까 수행자가 세상의 모든 인연을 끊고 진리의 세계에서 얻은 기쁨과 즐거움에 만족하는 삶을 살고 있는 모습을 부처님께서는 이렇게 말씀하셨다.

"수행자들이여! 냐따뿟따까는 물질의 충족에서 얻는 욕심과 육체에서 느끼는 즐거움을 버린 사람이다. 그는 편안하고 고요한 삶을 살면서 진실만 말한다."

제419 게송

남의 내생을 안다고 하던 '완기사'는
붓다의 진리 가르침을 배우고 나서는
모든 번뇌와 집착을 벗어나게 되었다.
여래는 그가 아라한이 되었다고 했다.

제420 게송

수행자가 어디로 가는지 아무도 모른다.

살아있을 때 번뇌와 욕망을 벗어나면

여래는 그를 아라한이 되었다고 한다.

∴ 부처님께서 기원정사에 계실 때 하신 말씀. 완기사라는 사람은 죽은 사람의 두개골을 툭툭 쳐서 그가 어디에 다시 태어났는지를 안다고 했다. 그는 붓다를 찾아가 진리의 가르침을 받고 나서는 남의 두개골을 쳐서 내생을 점치는 말을 하지 않았다.

제421 게송

평범한 가정주부였던 담마딘나는

세상의 물질에 대한 욕심을 버리고

진리 깨침을 얻어 출가 비구니가 되었다.

여래는 집착을 버린 그녀를 아라한이라 했다.

∴ 부처님께서 죽림정사 수행처에 계실 때 하신 말씀이다.

담마딘나 부인과 남편 위사카는 단란한 가정生活을 했다. 위사카는 그의 재산을 담마딘나 부인에게 주고 싶다고 했다. 그러나 부인은 먼저 붓다의 가르침을 받고 아라한이 됐다. 남편은 같이 살던 부인(아라한)에게 붓다의 가르침을 물었다. 지난날 자기 부인이었던 담마딘나는 모든 질문을 잘 대답했다. 이 소문을 들은 부처님께서는 담마딘나는 훌륭한 아라한이라 하셨다.

제422 게송

앙굴리말라는 두려움을 느끼지 않는다.
그는 계정혜를 닦아서 지혜가 높고,
고집멸도 사성제를 깨친 수행자이다.
여래는 그를 아라한이라고 부른다.

∴ 부처님께서 기원정사에 계실 때 하신 말씀. 출가 전에 살인자였던 앙굴리말라 수행자는 깨침을 얻고, 아무 것에도 두려움을 느끼지 않았다. 다른 수행자들은 그가 거짓말을 잘한다고 했다.

부처님께서는 이렇게 말씀하셨다.

"앙굴리말라는 정직한 수행자이며, 그는 거짓말을 하지 않는다. 그는 사성제를 깨쳤고 모든 두려움에서 벗어났느니라."

제423 계송

수행자가 남의 아픔을 없애주는 것은
모든 공덕 중에 가장 으뜸이니라.
순수한 자비와 청정한 지혜로
욕망과 번뇌를 벗어난 삶을 살면
붓다는 그를 아라한이라 부른다.

∴ 부처님께서 기원정사에 계실 때 하신 말씀이다.

부처님께서는 위궤양 증세가 생길 때마다 데와히따 브라흐민에게 우빠와나 수행자를 보내서 목욕하는 뜨거운 물 항아리와 마시는 사탕수수 물을 가져오도록 하셨다. 데와히따는 큰 깨침을 얻으신 부처님께 공양하는 것을 항상 기쁘게 생각하며, 붓다의 건강을 도와 주었다.

부처님께서는 데와히따에게 말씀하셨다.

"가장 훌륭한 공양은 남의 건강을 도우는 공양이니라."

불교는 진리와 사실을 역사에 남긴 유일한 종교입니다.
진리를 깨치고, 중생에게 덕행을 베푸신 붓다께
경배합니다.

自覺德行佛敎－月觀法師 頓首 合掌

01. 진속이제(眞俗二諦)를 오고 가며 수행하는 사람

02. 우주 · 존재의 본성을 무아(無我)라고 깨친 사람

03. 일체를 인연생멸(緣起生滅)의 진리로 보는 사람

04. 욕망－애착－번뇌－망상(慾望－愛着－煩惱－妄想)을 벗어난 사람

05. 탈탐진치(脫貪瞋痴)수행을 항상 실천하는 사람

06. 일상생활에서 쾌락을 자제하는 사람

07. 선악(善惡)을 구별 없이 하나로 보는 사람

08. 자기보다 남을 먼저 생각하는 사람

09. 진리(眞理) 깨쳐 진리 그대로 살아가는 사람

10. 생명을 일기생명(一期生命)이라고 믿는 사람

自覺佛教 － 月觀法堂

참고한 책들

• 법구경(韓英編) 金魚水 / 普成文化

• 법구경-담마파다 전재성 / 한국빠알리성전협회

• 진리의 말씀-법구경 송원 스님 / 창작시대

• 법구경(1~2권-대승불교 용어로 해설) 거해 편역 / 샘이깊은물

• 한글세대를 위한 법구경(Dhammapada-南傳) 김달진 / 세계사

• 담마빠다-빠알리어 문법과 함께 읽는 법구경 김서리 / 소명출판

• 숫타니파타 법정 스님 / 샘터

• 숫타니파타 전재성 / 한국빠알리어성전협회

• 숫타니파타를 읽는 즐거움 보경 스님 /민족사

법구경 인간 붓다의 가르침 담마파다

1판 1쇄 펴낸 날 2014년 9월 17일

역해 월관
발행인 김재경
기획·편집 김성우·이유경
디자인 김현민
마케팅 권태형
제작 해인프린팅

펴낸곳 도서출판 비움과소통 서울시 영등포구 영등포동7가 29-126 포레비떼 7층 705호
전화 02-2632-8739
팩스 0505-115-2068
이메일 buddhapia5@daum.net
트위터 @kjk5555
페이스북 ID 김성우
홈페이지 http://blog.daum.net/kudoyukjung
카페(구도역정) http://cafe.daum.net/kudoyukjung
출판등록 2010년 6월 18일 제318-2010-000092호

ⓒ 월관, 2014
ISBN 978-89-97188-64-2 03220